JN041909

研究主任

365日の
仕事大全

丸岡慎弥 著

明治図書

「研究主任をいつかやってみたいな……」

セミナーや研究会に足しげく通い，運営していた私にその機会が訪れたのは，そんな思いをもってからずいぶんと時間が経ったころでした。

「もし，自分が研究主任なら……」

と何度もいろいろな思考を巡らせていました。

そんな思考を巡らせる日々を過ごしているうちに，様々な出会いがありました。

- 各種セミナーでお世話になった実践家の先生
- 日本道徳教育学会で出会った大学の先生
- 校内で出会った授業のすてきな先輩先生

こうして，少しずつではありますが，私の「研究」に対する見方や考え方を養うことができました。

さらには，こうした教育関係の学びにとどまらず，「コーチング」「心理学」といった分野も，その道の専門家の方に直接学ばせていただきました。

研究主任を拝命されるまでに，ずいぶんといろいろなことを学びました。そして，ほんのわずかではありますが，自分なりの考えや方法が生み出されたのかなと思い始めたそのころ，ようやく研究主任を校内で担うようになりました。

> 授業が変われば学校は変わる

間違いなく，私はそのように思っています。

そして，学校における研究の役割を

> （学校独自の）文化の創造

であると思っています。

　だれもが「研究の大切さ」を実感しています。

　しかし，一方で，文化の創造を為す「研究」という仕事は，雲をつかむようなもどかしさを感じることもあり，「どうしていいのかわからない」と頭を抱える研究主任の先生も少なくないでしょう。

　本書では，私が10年以上，セミナーや研究会を運営し，学んできた知識やノウハウをふんだんに盛り込んでいます。

　さらには，学会で得た専門的な知識や，コーチングや心理学といったコミュニケーションスキルも随所に埋め込ませていただきました。

　確かな手法でありながら，明日から研究主任として取り組めるワザを多数紹介させていただいています。

　よりよい研究に取り組むことで，確かに学校は活性化します。

　そして，よりよい研究は，先生たちのやりがいを生みます。

　先生たちがやりがいを感じると，子どもたちは笑顔になります。

　さぁ，本書を開いて「学校の文化の創造」をともに始めましょう。

　よりよい研究のほんの少しのお手伝いができれば幸いです。

令和4年12月

丸岡　慎弥

研究主任の仕事　年間スケジュール

「何事も見通しが肝心」ということで，研究主任が担う仕事の年間スケジュールをここでは見ておきましょう。ぜひ，勤務校のスケジュールの参考にしてください。

月	仕事内容	ポイント
4	●本年度の研究の方向性の確認 （→ p.24） ●研究部会の立ち上げ ●研究テーマの設定※ （→ p.34） ●年間スケジュールの作成	・管理職・教務主任・関係教科主任など必要な部署の方との連携を取る。 ・※については5月になっても構わない。
5	●研究部会　　　　（→ p.60） ●年間の授業者決定	・各学年でだれが授業を実施するのかを話し合ってもらう。
6	●第1回研究授業＆検討会 （→ p.92）	・新年度初の研究授業となるため，研究の方向性が授業に表れるように意識する。
7	●研究部会	・研究主任から資料が提供できるようにする。
8（夏休み）	●研究会参加	・研究主任が積極的に参加する。

月	仕事内容	ポイント
9	●第2回研究授業＆討議会	
10	●研究部会	・部会のメンバーから資料を提供してもらえるようにする。
11	●第3回研究授業＆討議会	
12	●研究部会	・公開研究会へつなぐ。
1	●公開研究会　　　　（→ p.138）	・第3週か第4週がよい。
2	●一年間の研究の振り返り　　　　　　　　（→ p.124）	・次年度の研究テーマも見据える。
3	●次年度の研究教科の決定	

CONTENTS

Chapter 1

研究主任拝命！
研究主任っていったいどんな人？

Chapter 2

これでバッチリ！
研究主任 365日の全仕事

Chapter **3**

学校の文化をつくるつもりで挑もう！
研究主任としての心構え

おわりに

Chapter 1

研究主任拝命！
研究主任って
いったいどんな人？

学校全体の授業力を引き上げる

研究を通して先生たちの授業力を向上させる

　研究主任の仕事は，学校のスタンダードと呼ばれる授業をつくりあげることでも，見せかけの研究の成果を打ち出すことでもありません。先生方一人一人の授業力を引き上げることです。

「本当のねらい」をもち続ける

　年間で研究テーマを決め，それに向かって研究を進めていくことが，学校の研究スタイルとしてよく見られる姿です。

　もちろん，ひとつのテーマを定め，それに向かって突き進んでいくことは大切なことです。

　しかし，その裏には，いつも「本当のねらい」をもっておかなければいけません。その本当のねらいとは，

> 授業の基礎基本を身に付ける

ということです。どれだけ大きな研究に取り組むときも，先生の授業の基礎基本ができていなければ，確かな研究につなげることはできないのです。

　「その研究を通して授業の基礎基本を身に付けることができ，先生たちの授業力向上に役立つだろうか」，いつもそんな視点をもちましょう。

　そんな視点をもち続けながら研究に取り組むことが，先生たち一人一人の中に残る確かな研究へとつながっていくのです。

良質な情報を
職員室に届ける

良質な情報はどこにあるのか

　インターネットで検索して情報を収集したり，SNS で教育実践を当たり前に知ったりすることができるようになってから，もうずいぶん経ちました。研究主任は「良質な情報はどこにあるのか」を知らなければいけません。

研究主任のもつ情報で決まる

　職員室が良質な情報であふれれば，当然，勤める学校の教育はよくなっていきます。情報は，私たちにとって欠かすことのできない大切な要素です。

　いまや，大量の情報を簡単に手にすることができる時代となりました。しかし，情報には，よい情報もあれば悪い情報もあります。また，世間から見れば優れた情報だと思われていても，自分たちにとっては必要のない情報もあります。

　では，どのようにすれば職員室に良質な情報を届けることができるのでしょうか。

> ### 研究主任が積極的に良質な情報を獲りにいく

　「研究のことなら主任の○○さんに聞けばいい」と思われるくらいに情報を獲りにいきましょう。もちろん，インターネットのみならず，書籍や雑誌，さらには研究会などに参加し，直接情報を手にすることも重要です。その学校の研究レベルは，研究主任のもつ情報で決まるのです。

学校の授業の
モデルを示す

スタート段階ではモデルが必要

　研究のスタート段階では「モデル」が欠かせません。「そうはいっても，どのように授業をすればいいの？」という疑問に，研究主任は答えていかなければいけないのです。

研究主任がモデルを示す

　私が研究主任を務めるときには，率先して次のことに取り組んでいました。

> 自分が率先して授業を見せる

　研究授業の一番手を引き受けたり，「今度，授業をするから」と声をかけて見に来てもらったりということを積極的に行っていました。時には，若い先生に「説明文の単元のどういった授業が見たいですか？」と，公開授業のリクエストを聞くこともしました。求められている授業を自分から聞き出し，自分から発信するようにしたのです。

　もちろん，「自分よりも○○先生がモデルになるなぁ」という場合もあります。そんなときは，学校全体を研究に巻き込む第一歩となるチャンスです。

> 今度，○○のような授業をしていただけませんか？

と研究主任から頼ればいいのです。相手に頼ることもどんどんしましょう。

授業を中心とした
ファシリテーターとなる

研究主任は「研究ファシリテーター」に

　「授業名人はつなぎ名人」です。それは，職員室でも変わりません。研究や授業の話題をどんどんとつなぐ「研究ファシリテーター」となるようにいつも心がけましょう。

研究主任から授業の話題を出していく

　研究が職員室に浸透しているのかどうかは次の指標で測ることができます。

> 職員室で研究（授業）の話題が自然にあがっているか

　「先日，こんな授業をしたんですが……」「この授業ってどのように進めましたか？」「次の実験のことなのですが……」など，このような話題が職員室で聞かれることはあるでしょうか。

　もちろん，毎日というわけではありません。しかし，このように質問されたときに，「そういえば……」と２つや３つほど頭の中に場面が浮かんでこなければ，研究が職員室に浸透しているとは言えないでしょう。

　では，話題があがるにはどうするか。まずは研究主任の出番です。研究主任からどんどん授業の話題をあげていきましょう。さらに，そのような会話が職員室で聞こえてきたら，積極的に輪に入っていき話題を広げていきましょう。職員室の話題を授業に向けてコントロールしていくのも，研究主任の大きな役目なのです。

授業者の
コーチングをする

研究主任は「質問」を使いこなす

　子どもたちから可能性を引き出すのが私たちの仕事だとするなら，研究主任は研究授業の授業者の可能性を引き出してあげなくてはいけません。そのためには「質問」がキーワードになってきます。

授業の振り返りは問い返しから

　授業者の方が研究授業を終えてから，授業について聞きに来てくれることがあります。多くの場合「何かお気付きのことはありませんか？」など，授業者の方からの質問によって会話がスタートするでしょう。

　私は，ここで必ず次のように聞き返すことにしています。

> 今日の授業はどうでしたか？

　そのように問うことで，「この場面はこのようにしようと思っていたけどうまくいかなかった」「この発問は迷いながら実施したけれど，どうだっただろうか」「この資料提示は効果的だったと感じた」など，授業者の方から様々な振り返りが返ってきます。

　実は，授業者の方は自分を振り返る力をきちんともっているのです。「問い返す」ことで，その機会をまずは確保しましょう。

　とはいえ，研究主任の仕事はそれだけではありません。研究主任は，授業者が気付いていない改善点やよい点を示すのです。

職員室で
ダイナミクスを起こす

ダイナミクスに挑戦

　ファシリテートが「つなげる」行為だとしたら，ダイナミクスは「巻き起こす」というイメージです。職員室で先生方の対話をファシリテートできるようになってきたら，「ダイナミクス」を起こしてみましょう。

集団の力を高めていく

　ダイナミクスとは集団力学のことであり，人の思考や行動は集団によって影響を受けるということです。つまり，学校の研究も「どのような集団が取り組むか」によって大きく影響を受けるということです。

　では，研究主任としてはどのようなことを意識すればいいのでしょうか。

　それは，

> 学校の研究に様々な人を巻き込んでいく

ということです。先ほどの「ファシリテート」をうまく活用することができたら，職員室で授業の話題があがることが多くなってくるでしょう。

　その次は，何を意識すればいいのでしょうか。

　それは「対話に参加する人数を増やすように意識する」のです。いつも2〜3人で話しているなら「○○先生はどう思いますか？」「教頭先生，今のお話を聞いて何かありませんか？」など，いろいろな人に話題をふっていきます。そうすることで，集団の力を高めていきましょう。

一流の講師と
学校をつなぐ

講師選定は研究主任の大きな仕事

　研究主任の大きな仕事に「講師選定」があります。ここは，研究主任の腕の見せどころです。「この人はおもしろいな」と先生方に思われるような講師を学校に招聘しましょう。

一流の講師の条件

　では，「一流の講師」とはどのような講師のことをいうのでしょうか。それは，肩書でも有名かどうかでもありません。次の指標を大切にしましょう。

> （研究主任である）自分自身が「おもしろい」と思える人かどうか

　まず，自分自身がその人に出会ったり触れたりするのです。出会いの場は直接会うだけに限りません。書籍・雑誌，SNS など，様々な「出会いの場」があります。その中で「おもしろい！」と思える人を探してみましょう。
　ちなみに，私は次の3条件を一流の講師の条件としています。

> ・授業ができる
> ・講演ができる
> ・文章が書ける

　参考にしてみてください。

研究の成果を
見える化する

「見える化」は次の研究へのモチベーション

　一年間，時には数年間苦労して積み上げた研究の成果は，ぜひ「見える化」するようにしましょう。その達成感が次の研究へのモチベーションにつながっていきます。

成果を「物の力」で味わう

　最近は，研究の成果をデータ化する時代です。もちろん，データは「すぐにアクセスできる」「保管が簡単」などのメリットがあります。検索できるという機能も大きな強みでしょう。

　しかし，私はあえて「アナログ」を残しておくべきだと考えます。

> 研究成果を冊子化する

　もちろん，データと両方の形で残すこともおすすめです。しかし「印刷」というひと手間が，研究を実施したという充実感を高めてくれます。

　それは，やはりデータにはない「物の力」があるからです。直接触れられる，紙の厚みから研究の成果の厚みを感じられる，その効果は計り知れません。

　とはいえ，重要なことがあります。それは「そのように見える化するに値する研究かどうか」ということです。もし「つまらない研究かも？」という危惧があれば「見える化」するに値しないことを心得ておきましょう。

職員室で授業の話題をあげてみよう

どれだけ「日常」に落とし込めるか

　学校全体の授業力の向上には「日常化」が欠かせません。授業力の向上というと研究授業だけをイメージしがちですが，日常の授業のことをどれだけ語り合えるかで，学校全体の授業力が決まってきます。

職員室を授業の話題でいっぱいにする３Step

　学校全体の授業力を引き上げるためには，

> 授業のことが職員室で話題になる

という環境をつくり出せるかどうかが肝となります。

　とはいえ，それもまた戦略的に段階を踏んでいかなければ，職員室の話題が授業のことに，とはなっていきません。

　私が，職員室を授業の話題でいっぱいにするために意識していることは，次の３段階です。

> Step 1　まず自分から話す
> Step 2　相手の工夫を広げる
> Step 3　相手から工夫を引き出す

　どういったことなのかを順に見ていきましょう。

■ Step 1　まず自分から話す

　「相手に心を開いてもらうには，まず自分から」が鉄則です。

どんなことでも，まずは自分から話してみるようにしましょう。

一番取り組みやすいのは，次の方法です。

同じ学年の若い先生に話す

あまりいきすぎると鼻につくようなことになってしまいますので，注意が必要ですが，この方法が，最も自然かつ取り組みやすい方法でしょう。
ただ，これを閉ざされた空間だけでやっていては広まりを見せられません。

・職員室で話す ・ちょっと大きめの声で話す ・他の学年の先生も意識して話す

というように，意識を周りに向けつつ話をするようにしてみましょう。
特に，職員室では，それぞれの業務をしつつも案外，みなさん周りを意識して聞いているものです。それをうまく活かすようにしましょう。

ただ，「自分の周りには若い先生がいない……」という研究主任もいるかもしれません。
そんなときには，

（ベテランの先生に）今日はこんな感じで授業をしてみました〜

と，話しかけてみましょう。
必ずしも，「教えてください」といった感じでなくても構いません。
面倒見のいいベテラン先生なら
「おもしろい工夫しているねぇ〜」

「がんばってるやん～!!」

などと，前向きな声かけをしてくださることがほとんどでしょう。

　職員室を授業の話題でいっぱいにするための第一歩は，「まずは自分から」です。

■ Step2　相手の工夫を広げる

　さらに職員室での話題を広げるためには，「だれかの工夫を広げる」という行為が
おすすめです。授業のことを話題にしていたり，机上に工夫されたワークシートなど
が置いてあったりするときがチャンスです。

それ（これ）いいですね～

と周囲にもしっかり聞こえる声で話すようにします。

　もちろん，その後には「なになに～？」と質問が飛んでくるでしょう。

　そうして，周囲を巻き込んでいくのです。

■ Step3　相手から工夫を引き出す

　最後は「相手から引き出す」方法です。

　「この人は何か工夫していそうだなぁ～」と思う人に，

最近，どうですか？

と，突然インタビューを始めてしまいましょう。先生たちは，日々工夫して授業をこ
なしているものです。「どう？」と聞かれ，普段から授業のことを話題にあげている
職員室であれば，授業について大いに語ってくれることでしょう。

Chapter 2

これでバッチリ！
研究主任
365日の全仕事

校長先生への
聞き取り調査をする

研究を進めるには校長先生の存在が欠かせない

　先に述べたように，校内の研究は「学校の文化をつくる」という大きな役割を担っています。そのためには，学校運営においてどのような位置付けで進めていくのか，管理職との確認が欠かせません。そこで，校長先生との対話を大切にしましょう。

校長先生とビジョンの共有を

　研究主任に任命されたら，できるだけ早く校長室を訪ねます。

　そして，校長先生に次のように聞いてみましょう。

　本年度の研究はどのように推し進めていけばいいですか？

　もちろん，自分自身の研究の方向性をもった状態で聞くということが大原則ですが，それを決定事項にしてはいけません。校内の研究は，学校運営において，大きな影響を与えます。

　例えば……

- 学校全体の毎日の授業づくりに関わってくる（年間の授業時数が1000時間を超える学年があることを心得る）
- どのような子どもたちを育てたいのかに関わってくる
- 外部に学校を PR する際の目玉となる（研究で取り組んでいることは，

> そのまま管理職などが保護者や地域に説明することが多い）
> ・先生たちがどのような力量形成をするのかに関わってくる

　このように，学校運営の核となるようなところに影響を与えるのが「研究」なのです。こうしたことを校長先生と共有しておくことは，一年間を大きく左右するくらいに大切なことです。しっかりと時間を取って対話するようにしましょう。

　さらに，校長先生と研究を共有しておくとよいことがまだあります。それは，

校内の研究を後押ししてくれる

ということです。研究には「予算」がどうしてもかかります。「予算なき研究によい研究はない」と私は思っています。優れた教材教具，外部講師の招聘など，お金をかけるべきところにしっかりと費やさなければ，よい研究を具現化することは難しいでしょう。予算計画を執行する中心人物は校長先生です。校長先生が「よし」と言えばお金が動きます。その事実をしっかりと捉えておきましょう。

　また，研究は決して楽なものではありません。時には「どうしてこんな研究をするの？」といった批判的な意見が聞かれる場面だってあるのです。

　そんなときに助けてくれるのが校長先生です。校長先生が研究のよさを理解してくれていれば，どんどんと後押しをしてくれます。後押しのある研究とない研究では，大きな差があります。そのことも踏まえておきましょう。

POINT!

・校長先生と研究のビジョンを共有しておこう。
・校長先生に「予算確保」をしてもらおう。
・校長先生に研究の後押しをしてもらおう。

子どもの実態調査をする

研究に欠かせない子どもたちの存在

　学校の研究を推し進めていくには，子どもたちの存在が欠かせません。研究を進めていく際には，子どもたちの実態調査をきちんと行い，進めようとしている研究と子どもたちの実態がマッチしているかを確かめましょう。

何を調査し，どのように調査するのか

　子どもたちの実態調査と聞くと，「子どもたちの課題」を連想する人が少なくないのではないでしょうか。

　しかし，子どもたちの実態といっても，例えば次のようなものがあるのです。

> ・子どもたちの抱えている課題
> ・子どもたちがもっている強み（できていること）
> ・子どもたちがまだ触れていない未知のもの

　このように，課題のみならず「強み（できていること）」や「未知のもの」にも目を向けてみましょう。この3要素から考えると，研究の種類も次のような3つを思い浮かべることができます。

> ・子どもたちの課題を克服する研究
> ・子どもたちの強みを伸ばす（活かす）研究

> ・子どもたちが新しいものに出会う研究

　自分たちがやろうとしている研究がどの研究に当てはまるかを把握しておくことは，研究活動をスムーズに進められるかどうかの分岐点にもなるので，しっかりと押さえておきたいところです。

　また，実態の調査方法ですが，こちらも「アンケート」を想起される方が少なくないのではないでしょうか。しかし，実際には，以下のような実態把握の方法があります。

> ・アンケートから数値で見る
> ・成果物から見る（ノートや学力調査など）
> ・教職員で観察した子どもの姿をもとに話し合う

　どの方法でも，ぜひ踏まえていただきたいのが「それらをもとに話し合う」ということです。「数値だけを見て決める」「成果がこうだったからこうする」というような決め方は好ましくありません。そこに「教師の願い」が入っていないからです。

　研究を進めるのは，先生です。決して子どもではありません。誤解を恐れずに言えば，研究の主役は先生であることを認識し，先生たちが子どもたちをどのようにして捉えているかを十分に意見交換しなければ「研究に向けた実態調査」とは言えないのです。

　また，話し合うことで，お互いの子ども観や子どもたちの情報を共有することができます。ぜひ話し合いの機会をつくってください。

POINT!

・実態把握は「課題のみ」でないことを心得よう。
・実態調査は「アンケートのみ」でないことを心得よう。
・実態把握のためには，話し合い活動が欠かせないことを心得よう。

教職員の実態調査をする

先生たちの実態調査が確かな研究へとつながる

　研究を進めるにあたって「子どもの実態調査」は聞きますが，「教職員の実態調査」はあまり馴染みがありません。しかし，先生たちが自分たちのことを把握するのはとても大切なことです。

研究は先生たちが主体的に進めるからこそ

　研究を推し進めるにあたって，どうして先生たちの実態把握が大切なのでしょうか。それは，

> 研究を推し進めるのは先生たち自身だから

です。

　私たちの仕事は子どもたちのために行うもの。だからこそ，先生たちは熱心に子どもたちのことを見ようとするのですが，実は，子どもたちを大切にするためにも「自分自身のことを知る」ことは欠かせないことなのです。子どもたちをよくしていくためには，まず，先生たちがよい状態でなければいけません。

　つまり，よい研究にするためには，まず先生たち自身が「これは私たちにとって意味のある研究だ」と認識しなければいけないのです。そうして，先生たち自身に「主体性」がもてなければ研究を推し進めることはできません。

　では，先生たちの何を知ればいいのでしょうか。

「先生たちの課題」「先生たちの強み」「先生たちの未知のもの」といった
要素は，学校運営にも大きく関わってくる要素です。このような実態は，管
理職の先生とも十分に話し合いを進めながら共有をしておきたいところです。
　一方，先生たち自身は，研究を始める前に何について知っておくといいの
でしょうか。例えば，以下のようなアンケートを取ってみましょう。

①今回の研究でどのような成果を得たいのか
②今回の研究で挑戦してみたいことはどのようなことか
③今回の研究で知りたいことは何か

　①の質問は，今回の研究でのゴールイメージをもたせる質問です。それぞ
れの先生方個人の目標設定としても活用できるでしょう。
　②の質問は，今回の研究の具体的な行為を問う質問です。ゴールに向かっ
ての具体的な一歩をイメージしてもらうことができます。
　③の質問は，今回の研究にあたっての疑問点です。これらを集約すること
で，先生方の知りたいことやまだわかっていない部分を知ることができます。

　このようにして，先生たちの実態をきちんと把握してから研究をスタート
させていきます。研究の主体性は，先生こそもたなくてはいけません。
　研究を終えたときに，「自分はこんな力をつけることができた」「自分はこ
んなことに挑戦することができた」と，先生方に自分で自信をもってもらえ
るように仕掛けていきましょう。

POINT!

・研究の主体性は，先生こそもつべきと心得よう。
・先生たち全体の実態把握のために，管理職の先生と対話をしよう。
・アンケートの質問を通して個人の目標を明確にさせよう。

関連する研究調査をする

確かな研究にするために

確かな研究へと成長させていくために,「研究に関する関連情報」をきちんと踏まえておかなくてはいけません。ここは,少し苦労するところですが,ていねいに押さえるようにしましょう。

確かな研究にするためには事前の情報収集が欠かせない

確かな研究にするためには,関連情報の収集は欠かすことができません。それは,研究の本質から見ても明らかです。

ここで,研究とは何なのかを改めて確認してみましょう。

> 物事を深く考えたり,詳しく調べたりして,真理,理論,事実などを明らかにすること。(コトバンクより)

上記の説明にも「詳しく調べたり」という記述があります。確かな研究は,自分たちだけで考えることはもちろん大切ですが,それだけではいけないのです。独りよがりになってしまっては,確かな研究とするのは到底難しいことです。

「先行研究」という言葉があります。自分たちが研究しようとしている分野や内容は,これまでにどのようなことが研究されたのかを調べることをいいます。

「先行研究」で調べると,Wikipediaには,次のような記載が登場します。

> やってみようと思うことが，すでに行われたもので，内容に何ら変わりのないものであれば，研究それ自体に「意味がない」場合もある。
>
> （最終アクセス：2022年10月31日）

　きちんと先行研究を踏まえておかなければ，「研究それ自体に『意味がない』場合」すらあるというのです。

　では，どのように先行研究を調べていけばいいのでしょうか。それは，例えば，次のようなことがあげられます。

- その道の専門家に聞く
- 研究に関連する書籍を読む
- 研究に関連する雑誌を読む
- 研究に関連する論文を読む

　実際の研究に入る前に，どれだけ「関連情報」に当たることができているかで，研究の成果は大きく変わってきます。その情報を収集する一番手はもちろん，研究主任となります。

　研究主任が何でも知っている必要はありません。

　しかし，研究主任が「知ろう」とすること。

　その姿勢はぜひ，持ち合わせてください。

　その姿勢が，学校の研究をまた一歩確かなものへと導いてくれるのです。

POINT!

- 研究の本質に「詳しく調べる」ことが入っていることを踏まえよう。
- 先行研究を大切にしよう。
- 研究主任としての「知ろう」という姿勢を持ち続けよう。

自分の強みは何かを知る

研究主任が最もパフォーマンスを出せる環境を

　学校の研究を一番に推し進めるのは研究主任です。それには，「研究主任が最もパフォーマンスを引き出せる環境」をつくることが，学校全体の研究を推し進めることにつながると言えます。

研究主任の強みを活かす研究を

　「研究教科を何にするか」ということは，職員室の大きな関心ごとのひとつと言えます。最近は，教科では縛らずに「深い学びをどう生み出すか？」のようにテーマを設定することも増えているようですが，どちらの場合でも大切にしたいのは次のことです。

> 研究主任が最も得意なものを設定する

　研究主任は学校の研究を先頭で引っ張る担い手です。ですから，研究主任が堂々と自信をもって進められるものを設定することが，実は，学校全体の研究を進めることにもつながってくるのです。

　そのためには，研究主任としては次のことを知っておかなければいけません。

> 自分の強みは何なのか

ここでいう「強み」は，できるだけ小さく絞って考えた方がいいでしょう。ただ単に「算数」「国語」「道徳」というのではなく，「算数科で子どもたちに説明をさせる指導スキルが得意」「国語科の教材分析には少し自信がある」「道徳科の発問づくりには取り組んできた」など，一歩深めて自身の強みを考えてみます。

　「そんなこと言われても……」と思われた方もいらっしゃるかもしれません。それでは，例えば，次の質問にどのように答えますか。

授業に関わることで何を考えているときが一番楽しく集中しているか

　この質問の答えが，おそらくあなた自身の強みです。強みを知りたいと思ったときには，この質問と向き合う時間を少しでも取るようにしましょう。

　このように，研究主任の強みを活かすことができれば学校の研究もスムーズに進めることができます。ただ，以下の2点には注意してください。

・自分の得意教科だからといって「教えよう」「伝えよう」を前面に出しすぎない（よい研究主任は引き出し上手）
・もし，自分の強みとは違う教科やテーマになっても前向きに取り組む

　特に2番目のことはよくあることかもしれません。それでも自分の強みを知ることを大切にします。自分の強みを知っていれば，それを他教科や他テーマに応用することができるのです。

　自分の武器を持ちましょう。それは確かな軸となるはずです。

POINT!

・（できれば）自分の最も得意な分野を研究テーマに設定しよう。
・自分自身の強みを知ろう。
・自分の強みは応用できることを知っておこう。

研究テーマを設定する

一言一句にこだわって作成する

　研究テーマの設定は，一年間の研究を貫く大きな柱となります。一言一句にこだわり，どうしてそのようなテーマにしたのかをだれにでも語れるようにしておきましょう。

研究テーマ設定のポイント

　ある年，私が研究主任を務めていた学校では，次のような研究テーマを掲げていました。

道徳科を要としたカリキュラムマネジメントの開発
〜子どもの感性を活かす道徳授業づくりの発展〜

　私がどうしてこのような研究テーマを設定し，提案したのかには，次のような思いが込められています。

- 前年度の反省から，「次年度はカリキュラムマネジメントに取り組もう」という意見が浮かび上がっていた。本年度は，「カリキュラムマネジメント」を中心に研究を進める必要があった。
- 学校は当時，道徳科の研究を進めて4年目を迎えていた。それまでの道徳の研究を活かすためにも「道徳科を要とした」とすることとした。
- サブテーマの「子どもの感性を活かす道徳授業づくりの発展」は，これまでの研究を続ける意味でもこのような文言に設定した。それまで

は「子どもの感性を活かす道徳授業づくり」としていた。カリキュラムマネジメントを推し進めるとはいっても、研究授業は1時間の授業を核に見ることは変わりなく、1時間の授業をよりよくしていく研究は進めていく必要があった。そこで、これまでの研究テーマを発展させる形で「子どもの感性を活かす道徳授業づくりの『発展』」という言葉を使用した。

研究テーマは、意味のあるものでなければいけません。どの教職員も（せめて研究主任は）、いつでもどこでもすぐに言えるようなものでなければ役立つものとは言えないでしょう。研究テーマに意味づけがされていれば「意味記憶」として脳内にも残りますが、ただ言葉を羅列しただけでは、意味がつながらず脳内に残らないものになってしまいます。

研究テーマは、このように「この言葉を設定した理由は……」とイチイチ説明できるものを設定しなければいけません。だからこそ、次の3点を意識しましょう。

- ・研究テーマで使用する言葉に哲学を込める
- ・決定までに教職員と話し合う時間を設ける
- ・これまでの研究成果を振り返り、その研究に上積みするようにする

研究テーマの設定は、一年間の研究に芯が通せるかどうかに関わる大切な作業です。

POINT!

- ・研究テーマに思いを込めよう。
- ・研究テーマを意味記憶で覚えられるようにしよう。
- ・研究テーマの設定のプロセスを大切にしよう。

関連資料を整理する

ほんの少しの空間づくりから始める

　研究を進めていくには，職員室を知的な空間に変えていく必要があります。そのためには，ほんの少しでもいいので「関連資料を整理する空間」をつくりましょう。

「守りの資料」だけでなく「攻めの資料」も

　「職員室に置かれている資料」と聞いて，どのようなものが浮かんできますか。

- ・子どもたちに配布した手紙の余り　・職員会議の資料
- ・本日行われる学校行事関連の資料　・事務手続き関連の回覧
- ・教頭先生の周りに置かれるフラットファイルに挟まれている公文書

など，どれも「なくてはならないもの」「必要なもの」であり，「用事が済めば処分するもの」と言えるのではないでしょうか。もちろん，こうした資料も大切な情報であり，欠かすことができないものですが，「研究の発展」には，役に立ちそうにありません。

　私はこうした資料を「守りの資料」と呼んでいます。あくまで事務的で「守り」が目的になっているものがほとんどです。「守り」が目的になるとは，仕事をただ堅実にこなそうとするのみになってしまうこと。「創造」の要素がない状態であると言えます。

こうした「守りの資料」のみで固められている職員室では，研究に向いた空間づくり，つまり，知的な空間づくりができているとは言えないでしょう。

　そこで，次のことに取り組んでみてください。ほんのわずかなスペースで構いません。

研究に関する資料（攻めの資料）をそろえる空間をつくる

　それも，教育センターや文部科学省から届けられるものだけではなく，次のようなものを置いてみましょう。

・書籍，雑誌
・関連する研究に取り組んだ学校の研究冊子

　そして，次のような環境にしておくのです。

先生たちがいつでも借りることのできる状態にしておく

　こうした空間を少しでももち，「身になる研鑽」ができる環境をわずかでも整えるのです。どれだけ空間が小さくても構いません。「ある」と「ない」とでは，大きな差が生まれます。

　研究主任になれば，職員室の環境にも目を向けてみましょう。そして，ほんのわずかでも「先生たちに触れてもらいたい」と思える情報を置くようにしてみましょう。

POINT!

・攻めの資料を置くことから始めよう。
・先生たちに触れてもらいたい資料をそろえる意識をもとう。
・職員室の環境づくりにも配慮し「小さな空間」から始めよう。

第1回研究授業の 授業者を選定する

授業者選定は戦略をもって

　研究の体制が整ったら，いよいよ第1回の研究授業の準備を始めていきます。研究授業の授業者選定はとても大切なことです。意図的な戦略をもって決めるようにしましょう。

学校の状況に合わせた授業者選定を

　私は，研究授業の一番手選定には，次の2つのパターンがあると思っています。

A：研究主任自ら（もしくは授業力の高いベテラン教師）が実施する

B：その研究を引っ張る核となるミドルリーダーに実施してもらう

A：研究主任自ら（もしくは授業力の高いベテラン教師）が実施する

　このパターンを用いるのは，学校が次のような状況になるときです。

・その研究を始めて間もない時期であり，教職員全体がその研究を推し進めるための授業イメージをもてていない

・学校全体が研究に対して盛り上がりに欠けており，前向きとは言えない

こうした場合は，研究主任自ら，もしくは授業力の高いベテラン教師に研究授業の一番手をお願いしましょう。そうすることで，次のような効果があります。

- 学校全体にモデルを示すことができる
- 学校全体のモチベーションを上げることができる

つまり「背中を見せる」という方法です。「なるほど，あのようにすればいいのか」「あの人がああやって取り組んでいるんだったら自分も」と思ってもらえるようにすることを意識してみましょう。

B：その研究を引っ張る核となるミドルリーダーに実施してもらう

このパターンは次のような状況におすすめです。

- 研究が2～3年目を迎え，研究が熟成され始めている
- 学校全体が研究に前向きであり，「やろう」という気持ちが高まっている

つまり，研究主任は徐々に後ろに下がり始め，いよいよ次の先生が活躍する時期を迎えている場合です。そのようなときには「次，学校を引っ張ってほしい」と思える先生をぜひ選定しましょう。「この人なら若い先生のモデルになってくれる」という人を選ぶといいでしょう。

POINT!

- 研究授業の一番手は戦略をもって選定するようにしよう。
- Aパターンは，研究の初期段階で活用してみよう。
- Bパターンは，研究の次の段階に入ったときに活用してみよう。

「指導案作成」までのイメージを共有する

指導案作成をアップデートする

指導案作成は，研究を進めるにあたって避けては通れない行為です。指導案を見たことがないという人はほぼ皆無でしょうが，だからこそ，指導案作成を見直してみましょう。

素材研究期・教材研究期・指導法研究期

指導案を作成するにあたって，研究主任として必ずやっておくべきことがあります。

それは，

> 指導案作成までのイメージを共有しておく

ということです。

「指導案の作成」といっても，人によってイメージは様々です。

教材文から読み込むという人。

学習指導要領から読み込むという人。

子どもたちの姿から考えるという人。

他にも様々な切り口があり，どれが正しくてどれが間違っているということはありません。

ただ，「こうした方法がある」ということは，新年度が始まり指導案作成に取り掛かるまでには共有しておく必要があるのです。

私は，右のような図を用いて，先生方と指導案作成までの道のりを共有しています。

指導案作成は３つのステージに分かれます。「素材研究期」「教材研究期」「指導法研究期」の３段階です。(野口芳宏先生の理論をもとに作成)

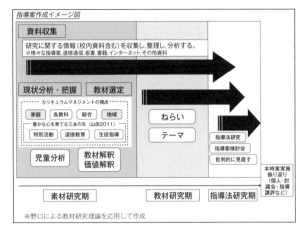

指導案作成イメージ図

資料収集
研究に関する情報(校内資料含む)を収集し，整理し，分析する。
※様々な指導案，道徳通信，板書，書籍，インターネット，その他資料

現状分析・把握　**教材選定**

・・・カリキュラムマネジメントの視点・・・
家庭　各教科　総合　地域
豊かな心を育てる三本の矢(山田2011)
特別活動　道徳教育　生徒指導

ねらい

テーマ

児童分析　**教材解釈 価値解釈**

指導法研究
指導案検討会
批判的に見直す

本時案実施
振り返り
(個人・討議会・指導講評など)

素材研究期　　教材研究期　　指導法研究期

※野口による教材研究理論を応用して作成

そして，それぞれの時期にかける時間の割合は「素材研究期：教材研究期：指導法研究期＝５：３：２」と定義しています。

さらに，それぞれのステージでは，次のことに取り組みます。

・素材研究期……教師としてではなく，一人の人間として教材そのものを読む。また，教材とその他の教材などとの関連も調べる。
・教材研究期……その教材を通して何を教えるのかを分析する。
・指導法研究期…どんな発問・指示・教材などを使用するのかを分析する。

このように，「指導案作成」までの道のりをぜひ共有しましょう。

〈参考文献〉野口芳宏『授業づくりの教科書　国語科授業の教科書』(2012) さくら社

POINT!

・指導案作成までの道のりを校内で共有しよう。
・素材研究期・教材研究期・指導法研究期の３段階を知ろう。
・それぞれの時期でやるべきことを押さえよう。

素材研究を大切にする

素材研究とは何か

　前項では「まずは素材研究から」「素材研究は指導案作成の時間の５割をかける」と述べました。では，そもそも素材研究とは何なのでしょうか。どのように取り組めば効果を発揮できるのでしょうか。

素材研究を具体的に考えてみる

　素材研究とは，国語授業名人・野口芳宏先生の造語です。
　野口先生はいいます。

> 　まずは，作品（教材）を教師面をせずに一人の人間として読む。

　野口先生は国語の専門家ですから，これを国語の研究の一環として主張されていましたが，私はすべての教科で当てはまることだと思っています。（他の優れた実践家も同じように述べています）
　では，「教師面をせず」とはどのようなことなのでしょうか。
　私は次のように捉えています。

> 「子どもに教える」という思考を抜きにして読む

ということです。
　教科ごとに考えてみましょう。

- 国語……作品自体を味わう
- 社会……その社会的事象について自分の意見をもつ
- 算数……その数のきまりなどの美しさを見つけ，味わう
- 理科……その事象のおもしろみを実感し，自分で実験の楽しさを味わってみる
- 道徳科…一人の人間として教材や価値について考えてみる

　このような思考をくぐらせることで，教材の見え方がうんと深くなっていきます。

　そのときに，大切なことがあります。それは，

教材自体をおもしろがること

です。「おもしろい」と思えば「どうしておもしろいと考えたのか」「何がおもしろかったのか」といった視点が見えてきます。これは，その後の教材研究や指導法研究に大きく影響してくることです。ぜひ，たくさんの「おもしろポイント」をためておきましょう。

　さらには，次のような見方も教材を深く読むのに役立ちます。

教材を批判的に読むこと

　では，どうやって批判的に読むのでしょう。それは次項でお伝えします。

POINT!

- まず教材自体を味わってみよう。
- 「おもしろい！」という視点で読んでみよう。
- たくさんのおもしろポイントをためておこう。

教材研究で
授業のねらいを
押さえる

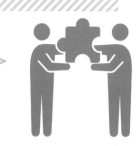

教材研究とは何か

　十分な素材研究を終えることができたら，次は教材自体の研究へと入っていきましょう。教材研究では「その授業で何を教えるか（考えさせるか）」を押さえることが肝になってきます。

教材研究では批判的に読む

　素材研究で得た知識を下地に，教材研究を行います。教材研究を私は次のように定義しています。

> その授業（単元）で，何を教えるのか（考えさせるのか）ということ

　このように捉えると，「何ができるようになればいいのか」「何を考えることができればいいのか」「どんな計画性をもって取り組めばいいのか」といった評価の視点も見えてきます。

　その際に大切になってくるのが，「教材を批判的に読む」ということです。
　「批判的に読む」とは，どういった読み方なのでしょうか。
　私は，次の3つの視点を大切にしています。

> ・どうして（なぜ）～？　・何なのか？　・本当に～なのか？

このような視点を教材にぶつけることで，何を考えさせればいいのかが見えてきます。

例えば，「反対の立場を考えて意見文を書こう」（東京書籍・国語5年）という単元のタイトルがあります。これに，批判的な読みをぶつけてみます。

- どうして反対の立場を考えなければいけないのか？
- よりよい意見文とは何なのか？
- 意見文に反対の立場は本当に必要なのか？

こんな風に批判的な読みをぶつけていくことで，教材のタイトルだけでも深い思考をもたらすことができるのです。

こうした視点をあらゆる要素にぶつけてみます。

- 写真
- イラスト
- 本文
- 学習課題

教科書やその他の教材や教材となりうるものに批判的な読みをぶつけることで，その物事の本質が見えてきます。本質が見えてくれば，何を教えるのか，考えさせるのかはおのずと見えてくるでしょう。

POINT!

- 教材研究とは，何を教えるのか（考えさせるのか）であると押さえよう。
- 批判的な読みをしてみよう。
- 批判的な読みをあらゆるものにぶつけてみよう。

指導法研究で
指導法を工夫する

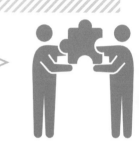

指導法研究とは何か

　「素材研究期」「教材研究期」を過ごしてきたら，次はいよいよ「指導法研究期」です。ここでは，指導法研究期で陥りやすいワナと，素材研究と教材研究をどのように活かすのかを紹介します。

指導法研究は最後の最後に

　研究主任として，次のことは必ず心得ておくとよいでしょう。

> 教師は「指導法研究」に急ぎがちになる

　これは，自戒を込めた言葉です。

　私たち教師は，その肩書に「教」という文字が含まれるように，「教える」ことが中心の仕事です。また，その醍醐味に魅せられて今も仕事を続けている人は多くいることでしょう。

　だからこそ，「指導法研究」にすぐに手を出しがちになってしまいます。素材研究や教材研究を知らない先生は，ほぼ素材研究や教材研究をせずに「指導法研究」をしています。つまり，教材と出会ったら「どんな発問がいいかな」「何か必要なもの（ワークシートなど）はないかな」と思考してしまうのです。

　どうして，これがいけないのでしょうか。その理由は明白です。

> 思考が熟成されていないのに，実のある指導法が生まれるわけがない

からです。このことは，肝に銘じておきましょう。では，指導法研究と素材研究・教材研究はどのようにつながっているのでしょうか。先ほども例にあげた「反対の立場を考えて意見文を書こう」をもとに考えます。

素材研究……反対の立場を考えて意見文を書くことは大切なことだな。
　　　　　　おもしろいな。
教材研究……本当に反対の立場は必要なのだろうか？　どうして反対の
　　　　　　立場を考える必要があるのだろうか？
指導法研究…発問「反対の立場を考える必要なんてあるのかな？」

　このようにして，素材研究から指導法研究へとつなげて考えるようにしていきます。子どもたちは「反対の立場を考えなければ……」と逆説的に考え，反対の立場に立って意見文を書くことのよさに気が付いていくことでしょう。
　このように，指導法研究も，素材研究が土台になります。
　ただ，次のことは忘れないでください。

> 素材研究で扱ったものすべてを授業で扱うわけではない

　素材研究で扱ったものを捨てる分が多いほど，より重厚な授業を生み出すことができるのです。優れた指導法は素材研究から，を忘れないでください。

POINT!

・指導法研究に急ぎすぎないよう肝に銘じておこう。
・素材研究から指導法研究までつながっていることを意識しよう。
・素材研究は捨てる分が多いほど，優れた指導法が生み出されると心得よう。

指導案の形式を統一する

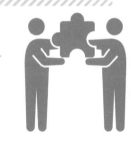

指導案を書くまでに形式を示す

　指導案作成の前に必ずやっておきたいことは「指導案の形式の明確化」です。これを怠ってしまうと，指導案作成の際に，授業者全員が混乱することとなってしまいます。必ず指導案作成に入る前に実施しましょう。

指導案で統一したい２つのこと

　指導案の形式を統一するのは，大きく次の２つの意味があります。

---

①指導案の形式を整え，体裁を整える

②指導案の事項を整え，指導案を通してどのような授業力を身に付けてほしいのかを整える

---

　①がそろっていなければ，形式がめちゃくちゃになってしまい，最後に指導案をまとめる際に相当の苦労を強いられることになります。研究主任がまとめて実施するのも大変ですし，職員にお願いをするのも「もう終わった指導案なのに……」とモチベーションは決して上がりません。やはり最初にきちんと示しておくべき事項でしょう。

　では，どんなことをそろえておけば形式がきちんとそろうのでしょうか。

　私は次のようなものを示すようにしていました。

・文字のフォント（タイトルはゴシック，本文は明朝体など）

- 余白の設定（Word の初期設定そのまま　など）
- 文字の大きさ（本文10.5ポイント，タイトル14ポイント　など）
- 本時の展開部分の項目名

　このようなことをきちんと示しておくのです。書く側としても，きちんと
したフォーマットがあるからこそ安心して記していくことができます。
　さらに，私は次のような配慮をしました。

研究のモデルとなるような授業案に注意書きを添えて示す

　もちろん，示す指導案は自分自身が作成したものです。このようにするこ
とで，形式を伝えることとあわせて「このような指導案を書いてほしい」と
いうメッセージも伝えることができるのでとても便利です。
　また，②もとても重要なことです。
　指導案の形式は学校ごとに作成することがほとんどであり，学校の研究に
あわせてフォーマットを変化させていく必要があります。そのフォーマット
づくりこそ，先生方の授業力を高めるきっかけとなります。
　私が研究主任をしていた学校の道徳科の指導案には，次のようなものを記
載していました。

他教科との関連（カリキュラムマネジメントの視点から）

　指導案にテーマに関連する項目を入れ込むことも検討してみましょう。

POINT!

- 形式を整えて授業者が書きやすいようにしよう。
- あわせてモデルを示し，研究の方向性を伝えよう。
- テーマに関連する項目を入れて研究テーマの意識付けを行おう。

「本時の授業」を
図解で見る

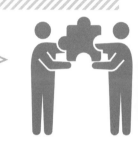

1枚シートの活用

　「本時の授業は本時のみならず」を伝えるためにはどうすればいいのでしょう。私は，1枚のシートを活用して研究部会で提案・説明するようにしていました。

自力で優れた指導案を作成できることを目指す

　私が研究部会で示したスライドは次のようなものです。

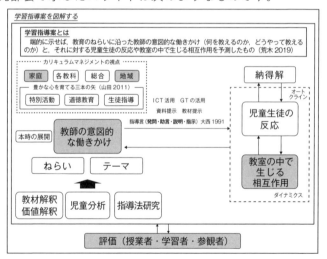

　スライドの中には次のようなことが書かれています。（道徳科の学習指導案を作成する際に示したものです。）

- そもそも指導案とは何か
- 本時にはどのようなカリキュラムマネジメントの視点が関わる可能性があるか
- 本時のねらいの設定には「教材解釈・価値解釈」「児童分析」「指導法研究」の3項目が関わっていること
- 授業は，授業者と学習者の営みによってつくられること
- 授業と評価が必ずセットになっていること

このどれもが当たり前のことのように思うでしょう。しかし，「このことはあっちで聞いた」「そのことはこっちで聞いた」と，先生方の頭の中はすっきり整理しきれておらず，一つの情報としてつながりきっていないのです。

そこで，このような1枚シートを提示します。

情報が1枚に図解されているので，頭の中の情報をすっきりさせることができますし，何度も見返すことができます。そうしてようやく

本時案は本時のみならず，様々な要素とつながっているのだ

と，実感することができるのです。

研究主任の仕事は，それぞれの一時間の授業を一緒につくるだけにとどまらず，「それぞれの先生が一人で優れた指導案を作成する力を身に付ける」ことを目指すようにしましょう。そのためにも「1枚シート」は役立つはずです。

POINT!

- 「本時の授業は本時のみならず」を心得よう。
- 先生方の頭の中でバラバラになっている情報をまとめよう。
- 先生方が自力で優れた指導案を作成できるように仕向けよう。

チームで授業をつくる 意識をもつ

チームで進めるには「チームのよさ」を実感させる

「研究授業を一人の負担にしない」とよく聞きますが，実質は一人に大きな負担をかけてしまっていることがあります。それは，「みんなで考えるよさ」を実感していないからです。

チームで進めるよさとは

次のようなことわざがあります。

三人寄れば文殊の知恵
——凡人でも三人集まって相談すれば，思いがけないよい知恵が浮かんでくる。（コトバンクより）

人が集まることで思いがけないアイデアが浮かんだ経験のある人は少なくないのではないでしょうか。これは，p.17で紹介した「ダイナミクス」が生まれることも関係しています。

また，次のことも心得ておく必要があります。

一人のアイデアには限界がある

道徳科や国語科の教材で考えてみましょう。

まず，どちらの教科でも言えることは「教材（作品）と一人の人間として向き合う」ということです。国語科は文学作品のどこに惹きつけられるのかがポイントですし，道徳科は教材のどこで心を動かされ，考えさせられるかがポイントです。

　そして「文学作品のどこに惹きつけられるか」「教材のどこで心を動かされるか」は人によって違うことに気が付きます。いくら先生といえども，学級の子どもたちの読み方すべてを見通すことは不可能でしょう。ここで「一人の限界」に気が付くことができます。

　だからこそ

> 複数人で教材を読む

という体験をくぐらせるのです。授業者として読みを終えていても，他の先生の読みを聞くと「そうした読みもあるのか」「やっぱりそこが肝だな」「その点は気が付かなかったな」ということに必ず気が付くのです。

　年間計画のうち「研究授業」と呼ばれるものや「公開研究会の授業」などでは，ぜひ「チームで授業をつくる」ことを仕掛けてみてください。

　そうしたことを通して，授業者はもちろん，授業者ではない先生の力も形成する時間へと変えることができるのです。

POINT!

- 「三人寄れば文殊の知恵」を大切にしよう。
- 「一人の先生の限界」を心得よう。
- 「チームでの授業づくり」を通して全体のレベルアップを図ろう。

チームで授業をつくる 段取りをつける

段取りがあってこそ機能する

実は,「チームで授業をつくることのよさはわかった」というだけでは,チームでの授業づくりは機能しません。さらに「チームで授業をつくる段取り」を組まなければいけないのです。

チームでの授業づくりのよさと予定はセットで伝える

チームで授業をつくるよさを伝えたり体験してもらったりした後には,必ず,次のことをセットで提案するようにしましょう。

> いつ,チームで段取りを組むのかの予定を伝える

学校の先生の特徴といえば,なんといっても「忙しさ」があります。出勤をしてすぐ授業を開始し,子どもたちを下校させた後には,もう間もなく退勤時間が迫ってくる……。そんな忙しい中で会議などをこなしているわけです。

だからこそ,きちんと日程まで示すようにしましょう。研究部会で了承を得たら,教務主任へ伝達をすることを忘れません。

> 行事予定に組み込んでもらう

ここまでしなければ「チームで授業をつくる」ことは機能しないと心得る

ことです。

　では，どのような段取りを組めばいいのでしょうか。

　私は次のような段取りを提案し，校内で取り組んできました。

回数	授業者	授業者以外のメンバー	目的
事前	教材をチームメンバーに配布する。教材を自分なりの読みで読む。	配布された教材を自分なりの読みで読む。	素材研究をそれぞれで行う。
第1回	素材研究をしてきた成果をそれぞれで交流し，議論する。		素材研究を深める。
次回までに	指導案を作成する（たたき台でよい）。	教材研究（何をねらいにするか）をする。	教える（考える）べきことを明確にしていく。
第2回	たたき台の指導案をもとに「何を考えさせるか」「そのためにはどんな指導法がよいのか」を交流し，議論する。※指導案を批判する場でないことを必ず押さえておく。		ねらいを確認し，様々な指導法を模索する。
次回までに	指導案を完成させる。	追加の指導法などがあれば授業者に伝える。	指導案を完成に近づけていく。
第3回	完成した指導案を検討する。場合によっては，模擬授業で確認してみる。		指導案を完成させる。

　1回の間は2週間程度あると余裕が生まれることを押さえておきましょう。

POINT!

・予定を決めることまで含めて「チームで授業づくりをする」と心得よう。

・それぞれの回について把握するようにしておこう。

・4月中に，このような見通しをもつようにしておこう。

プレ授業で
大切にしたいことを
明らかにする

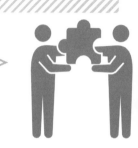

プレ授業に意図を込める

　研究授業の前には「プレ授業」に取り組むことがほとんどではないでしょうか。この「プレ授業」も慣例的に実施しては効果が見込めないことは言うまでもありません。意図をもって実施しましょう。

プレ授業の目的を捉え直す

　プレ授業の目的には，例えば，次のようなものが考えられるでしょう。

---

①授業者がその授業を実施することに慣れるため
②その授業自体が子どもたちに有効であるかどうかを確かめるため
③その授業と授業者との相性を確かめ，必要な差を埋めるため

　それぞれ，どういったことなのでしょうか。順に見ていきましょう。

①授業者がその授業を実施することに慣れるため

　研究授業とは何なのでしょうか。私は，次のように捉えています。

「授業者が行う授業が子どもたちの学びにどのような効果を与えるか」
を，観察法を中心に分析する方法

　そのような研究授業を迎えるにあたって，「授業者がその授業運営に慣れ

ていない」「授業者が参観者などの影響で緊張してしまって本来の授業技術を発揮できない」という状態では，研究自体にうまく取り組めなくなってしまう可能性が少なくありません。

　そのような事態を防ぐためにも，授業者が授業に慣れておくことは大切なことであると言えるでしょう。

②その授業自体が子どもたちに有効であるかどうかを確かめるため

　指導案の本時の展開部分には「発問」「指示」「資料提示」「組み立て」などの要素が書かれます。当日は，この部分を中心に観察する先生がほとんどであり，プレ段階として改善点があれば改善しておくことがベターです。

　改善を重ね終えてから，参観者に分析をしてもらうことで，子どもたちに有効な，より新しい発見が期待できます。

③その授業と授業者との相性を確かめ，必要な差を埋めるため

　チームで授業をつくった際に，気を付けるべきことがあります。

> それぞれの先生の感性が入り混じっているので，授業者の感性とのズレが起こる可能性がある

　それは，声の調子やトーンなどといったところです。指導案には表しきれない要素をプレ授業で確認するようにしましょう。

POINT!

・授業者の先生が授業に慣れた状態で当日を迎えられるようにしよう。
・「発問」「指示」「資料提示」「組み立て」などの要素を確かめよう。
・指導案には表しきれない要素をプレ授業の段階で確認しておこう。

時には模擬授業で確認する

模擬授業を研究に活かす

　模擬授業という言葉は，多くの人が知っているものですが，実際に実施している人はそう多くはないのではないでしょうか。ここでは，模擬授業をどのようにして研究に活かしていくのかを紹介します。

模擬授業のよさを活かすために

　もともと「模擬授業」を実施し始めたのは，野口芳宏先生であるといわれています。あるセミナーで，野口先生が子どもたち相手にいつもしている授業をそのまま大人に向けて実施した方が，自分の提案を理解してもらいやすいのではないか……という理由で実施したところ，大変好評を受け，そこから，先生方の自主研修会を中心に「模擬授業」という文化が広がっていきました。

　そして，模擬授業は教員採用試験などでも活用されるようになるなど，様々な目的をもつようになりました。ここで，模擬授業の効果を改めて見直してみましょう。

　模擬授業には，次のようなよさがあります。

---

①授業者が指導案に書かれた指導の流れをつかみやすい

②参観者が子どもたちの思考を疑似体験できる

③指導案には表しきれない微細技術を捉え直すことができる

1点目は，プレ授業と同じ効果が期待できます。授業者が当日までにその授業に慣れておくことは欠かせない要素です。ぜひ，当日までにプレ授業や模擬授業を通して準備を進めましょう。

　2点目は，絶対に外してはいけないことなのですが見逃しがちであると私は思っています。

　指導案を作成したら，必ず，次のチェックが必要です。

> 子どもの席に座ったつもりで，授業を受けるイメージをする

　その思考を通して，指導案が子どもの思考と合っていなかったり思考の流れがうまくつながっていなかったりすることに気が付くことができます。これを，チームとして複数人で実際にチェックができることは，模擬授業の大きな強みであると言えるでしょう。

　さらに3点目は，指導案に表しきれない大切な要素です。

　例えば，次のようなことは，その授業においてポイントになることがあります。

> A：資料を提示してから発問を出す
> B：発問を出してから資料を提示する

　このタイミングは，子どもたちの思考を大きく変えます。が，指導案には表しきれないことがあります。そんな点を模擬授業で確認していくのです。

POINT!

・模擬授業の3つのよさを押さえよう。
・子どもの思考を模擬授業で疑似体験しよう。
・指導案には表しきれない「微細技術」を模擬授業で確認しよう。

月に一回の部会を効果的にする

他の部会と性質が異なる研究部会

研究部会は他の部会とは大きく性質が異なります。他の部会は「連絡事項」「検討事項」などが中心となりますが，研究部会はそれだけにとどまってはいけません。効果的な研究部会とはどんな部会でしょうか。

研究部会は文化の創造の場

「研究部会とは何か？」と問われたら，私は次のように回答します。

> 学校の（研究における）文化の創造の場

他の部会が連絡事項や協議事項が中心であるのに比べて，研究部会は「文化の創造」が中心になると思っています。つまり，他の部会に比べると，抽象度が高くなるのです。

別の言い方で言うと，次のようになります。

> 研究部会では答えのない話題を話し合う必要がある

ということです。絶対解を探すのではなく，納得解を探す話し合いです。まず，研究主任として，そのことをしっかりと押さえておきましょう。

確実な連絡や明確な協議事項もしっかりと押さえつつ，答えのない話し合いの時間を確保していくことが求められます。

まずは，上記の性質をもつ部会であることを，部会メンバーとも第1回目の部会で共有するようにしておきましょう。「絶対解を探し求めることは難しい」「自分たちの納得解を探す場」という共通認識は，研究を深める話し合いをする上でとても大切なことです。

　では，具体的にどのような事項を話し合えばいいのでしょうか。

　私は以下のような事項を研究部会の話題として扱ってきました。

- 連絡事項
- 本年度の研究に向けて普段から取り組んでいることの交流
- 指導案検討
- 研究授業に向けての役割分担
- 今後の予定（だれがいつ研究授業や公開授業を実施するか）
- その他

　この中で「本年度の研究に向けて普段から取り組んでいることの交流」や「指導案検討」は，次項やp.72〜81で取り上げますので，ここでは，「今後の予定」を扱う大切さをお伝えします。

　この「今後の予定」を常に把握しておくことはとても大切なことです。協議会を含めたメインの研究授業の日程はしっかりと予定に組み込まれますが，その他の公開授業については突然日程が決まることが少なくありません。突発的な混乱を防ぐためにも，「だれがいつ授業をするのか」「まだ授業日程の決まっていない人はだれか」はいつも文字化して共有しておきましょう。

POINT!

- 研究部会は他の部会と性質が異なることを押さえておこう。
- 絶対解ではなく納得解を探す場であることを押さえよう。
- 年間の研究授業や公開授業の日程を常に把握するようにしよう。

研究に向けての取り組みを交流する

交流の時間を少しでも取り入れる

研究部会では，10分でも構わないので「研究に向けた普段からの取り組み」を交流する時間を設けましょう。この小さな時間を取り入れるかどうかで研究の日常性が大きく変わります。

確かな研究は毎日の小さな積み重ねから

学校の研究は，研究授業のときだけ取り組めばいいのではありません。

> 毎日の小さな積み重ねこそが，学校の研究を確かなものにする

「研究授業が近づいているから研究に向けた取り組みをする」という意識では，「研究授業が終わった〜。やれやれ……」となってしまい，自身の研究授業が終わった途端に，研究に取り組まなくなってしまうことすらあります。

これでは，研究に取り組んでいる意味が全くありません。

なぜなら，研究とは，研究授業をよく見せるためにあるのではなく，普段の授業実践をよりよくしていくために存在するものだからです。

ですので「研究の日常性を高める」ことは，とても重要なことになります。

とはいえ，そのように理想を語るだけでは日常性は高まりません。

私は，わずかな時間であっても，次の質問をし，交流する時間を確保するようにしています。

最近取り組んだ○○（研究テーマ）に少しでもつながる実践を教えてください。

　これを，学年ごとに聞いていきます。アウトプットの時間は1学年2～3分です。

　こうした機会を取り入れることによって，

次の部会でどんなことを話そうか

というアウトプットのクセが部会のメンバーに芽生え始めます。別の言い方をすると，「次，何か話さないと」という気持ちになり，普段の小さな実践を発見できるようになるのです。

　実は，先生方は普段から研究につながるような実践に取り組んでいます。しかし，それに気が付かなかったり意識が向かなかったりする状態になっていることがほとんどです。

　そうしたことに気付いてもらうための場が「小さなアウトプット」の時間なのです。ほんのわずかでも「自分から話す」ことをするだけで，意識は大きく変わります。ぜひ，研究に向けた交流の場を設けるようにしてください。

　さらに，実践を交流することで，メンバー同士が学び合ったり各学年の実態を研究主任が把握したりできることも大きなメリットです。

　ぜひ「アウトプットタイム」を部会に設けてみてください。

POINT!

・毎日の小さな積み重ねが生まれる工夫を仕掛けよう。
・アウトプットタイムで研究への意識を高めよう。
・アウトプットタイムが学び合いや実態把握になることを押さえよう。

研究部会で おみやげを用意する

研究部会を学びの場にする

　研究部会は，「学校の日常的な学びの場」であると捉え直してみましょう。研究部会に参加すると学びにつながるんだと思わせる仕掛けをぜひつくってみてください。

研究部会が楽しみだと思える仕掛けを

　研究部会（特に立ち上げ初期のころ）を運営するにあたって，ぜひ参加メンバーに芽生えさせたいものがあります。それは，次のような意識です。

> 研究部会に参加すると学びにつながる

　学校現場は本当に目まぐるしく動いています。授業準備，アンケートなどの事務処理……。なかなか学びに向かう時間の確保ができないのが現状となってしまっています。

　しかし，そのままではもちろんいけません。教育基本法では，次のように定められています。

> 教育基本法第九条
> 　法律に定める学校の教員は，自己の崇高な使命を深く自覚し，絶えず研究と修養に励み，その職責の遂行に努めなければならない。

教育基本法第九条には「絶えず研究と修養に励み」と明記されています。この機会を何としても確保したいところです。

　そこで，ぜひ研究主任の先生に取り組んでほしいことがあります。

　それは，

研究部会におみやげを用意する

ということです。おみやげは簡単なもので構いません。少しのおみやげでも部会メンバーには大変喜ばれます。例えば，以下のようなものを持ち込んでみましょう。

・学級通信
・過去の自身の指導案
・他校の本校に関わる指導案
・最近気になった雑誌や書籍
・自身が参加した研究会資料
・最近の授業の板書写真

　本当に小さな準備でできるもので構いません。こうした取り組みを続けると，だんだんと「次の研究部会が楽しみだな」という雰囲気が生まれ始めます。そのような空気感をつくり出すことができれば，研究主任としての大きな仕事を果たしたと言えるでしょう。

POINT!

・教員は「絶えず研究と修養に励む」とされていることを意識しよう。
・部会に小さなおみやげを用意してみよう。
・「研究部会が楽しみだな」と思わせる空気づくりに挑戦しよう。

研究部会を サークル化し，教師の 自己調整力を育てる

参加型を前提とする研究部会

研究部会を講義型ではなく参加型にするように工夫をしてみましょう。メンバーに参加意識が生まれ始めると，研究部会はよりダイナミックなものへと進化していきます。

研究部会で学びの輪を広げる

研究主任になりたてのころ，「研究部会をどうしていけばいいのかなぁ」と悩んでいた時期がありました。「研究部会は他の部会とはどうも違うものだしなぁ」と，退勤途中の家路を歩きながらいろいろと思考を巡らせていました。

そんなとき，ふと気が付いたのです。

> 研究部会はサークルのようにすればいいのか！

この思考にたどり着いたときに，一気にいろいろな思考がつながり始めました。校内の研究部会とは，これまで自身が取り組み続けてきた「（教師の自学的な学習のための）サークル活動」と同じであると考えると，やるべきことがすっきりと見え始めたのです。サークルの基本とは次のことです。

> 参加者は前提として「参加意識」がある

つまり，どれだけ小さな時間でも「自分がアウトプットする」という時間をつくり出す必要があるということです。それがp.63にも記した「アウトプットタイム」につながっています。

　また，p.65の「資料提供をする」ということにもつながっていきます。

　実は，おみやげを渡すのには，次のねらいが隠されています。

他のメンバーにも資料提供をしてもらう

　学級通信や授業の振り返り資料など，小さな取り組みで構いません。研究主任が資料提供をすることが根付いてきたら，次は，研究主任のみならず，他のメンバーにも資料提供をしてもらうのです。

　こうして学びの輪を少しずつ広げていきます。

　すると，研究部会の場が「良質な情報」であふれるように様変わりしていくのです。

　このような段階まで研究部会を高めると，

それぞれの目的をもって部会に参加する

ことができるようになります。つまり，個々の教師自身が「自己調整力」を鍛える場となるのです。もちろん，資料提供はすべての教師がする必要はありません。それぞれに合った学びの位置を調整してもらえるようにしましょう。

POINT!

・研究部会は「参加型」であることを心得よう。
・他のメンバーにも資料提供を頼み，学びの輪を広げよう。
・それぞれの先生が，「自己調整力」を発揮できるように工夫しよう。

研究部会で ICT を活用する ―オンライン部会

触ってみる機会をつくろう

校内の ICT 活用を進めるには，まず触ってみることが一番です。とはいえ，いきなり授業で使うのは……と，躊躇される方がいることもまた事実でしょう。まずは部会で活用することから始めてみましょう。

部会で取り組むよさ

ICT 活用を校内に浸透させていくには，部会など大人が集まる場で触ってみるのが一番です。

年に数回程度

> オンライン部会

を開催してみてください。まず，大人が触ってみることで次のようなメリットがあります。

- 授業ではないので，安心して失敗することができる（授業であれば失敗のリスクは高い）
- 大人であればある程度の PC スキルが身に付いている（子どもの場合は「エンター」など PC 用語を知らない可能性があり，指示が通りにくく成立させることのハードルが高い）

そして，何よりのメリットは次のことでしょう。

操作がわからなければ堂々と聞くことができる

ほんのちょっとした操作のことでも「これ，どうしたらいいの？」と大人同士であれば聞くことができます。なぜなら，研究主任をはじめ，部会に参加しているだれかがその答えをもっている可能性が大きいからです。

これが，教室であればそうはいきません。答えをもっているのは，基本的に先生だけ（特に低学年であれば）なので，先生がわからなければ，その時点で授業が止まってしまうことになります。

このようなことから，ICT に苦手意識がある人は「ICT はちょっと……」と遠ざけてしまいがちです。しかし，オンライン部会などを通じて「自分にもできるかも」「わからないことを聞けてよかった」という体験があれば，「ちょっと，やってみよう」という気になるものです。

これを，導入期だけに実施するのでは，長期的に学校に根付く可能性は低くなってしまいます。

年に一回か二回はオンライン部会をする

と，決めてみましょう。こうすることで「いつまたオンライン学習やオンライン研修を求められても大丈夫」という空気づくりにつながっていきます。また，オンライン部会ならではのよさにも気が付くことができるでしょう。

POINT!

・年間に一回か二回は「オンライン部会」を開催すると決めよう。
・質問のしやすい雰囲気づくりに努めよう。
・「発言者の明確化」「資料共有の手軽さ」などのよさを体感しよう。

研究部会で ICT を活用する ―共同編集機能

研究部会でもペーパーレスをやってみる

　学校のペーパーレス化が進められています。ぜひ，研究部会でもペーパーレス化に挑戦してみましょう。ペーパーレスにすることで手軽さとスピード感を手にすることができます。

ICT 化で効率化を追い求める

　部会の ICT 活用で一番のおすすめは次のことです。

共同編集機能の活用

　Google であればスプレッドシートがありますし，Microsoft であれば Teams 内にあるエクセルで，共同編集機能を活用することができます。
　ここでは，次の 3 つの場面での活用を紹介します。

・レジュメ提示
・意見交換
・指導案修正

　それぞれ，どのようにして活用していけばいいのでしょうか。具体的に見ていきましょう。
　まずは，レジュメ提示です。レジュメを大型ディスプレイなどにつないで

提示しながら進めていくと，次のようなメリットがあります。

・印刷の手間が省ける
・誤字脱字などがあってもその場で修正できる

　これらは仕事の効率化につながります。印刷をしたりホチキス留めをしたり誤字脱字の修正をしたりするのは案外時間がとられるもの。それらを ICT 化によって簡略化することができます。「あ，そういえば今度の授業，○日に決まりました」などといった会話もそのままデータに反映することができます。

　次に，意見交換です。意見交換場面では，

意見交換の議事録をそのまま作成できる

ことが大きな強みです。「最近の取り組みを打ち込んでください」と言えば，一斉にレジュメに直接書き込むことができます。また，研究主任は気になる記述だけを取り上げて「○○について詳しく教えてくれますか」などと，深める点を選択することも可能です。

　最後に，指導案の修正について。こちらは誤字脱字や言い回しなどのチェックで効果を発揮するでしょう。指導案データをあらかじめ入れ込んでおき，全員で確認をしながら修正を行っていきます。誤字脱字チェックはできれば手間を省きたいもの。ICT を活用して効率よく行ってみましょう。

POINT!

・レジュメをデータ提示にし，印刷の手間を省こう。
・意見交換場面では一斉にみんなで打ち込んでみよう。
・指導案の誤字脱字チェックを ICT 化で効率よくしよう。

指導案検討会の適切な 実施時期を考えておく

タイミングをマネジメントする

「指導案を検討するのはいつがいいのか？」とタイミングを考えることは，授業者にとっても参加者にとっても重要なことです。また，研究授業の種別によっても若干の異なりがあるのです。

研究授業の目的によってタイミングを分ける

私がこれまで勤務していた学校では，次の2つの種類の研究授業がありました。

①全員が公開する「全員授業」や初任者を含む若手教員が実施する授業
②研究授業（大）と呼ばれる授業（授業協議会を開いたり外部講師を招いたりして本格的に研究授業を行う）

これらの研究授業の目的は，上記の順に，以下の通りです。

①個人の力量形成をメインとする授業
②学校全体の研究を推し進める授業

当然，指導案検討会の時期を含む検討会のあり方が異なってきます。ここでは，実施時期をどうすればいいのかについて，具体的に考えていきます。

①個人の力量形成をメインとする授業

　そもそも指導案検討会自体を実施するかどうかを検討しましょう。私の勤務校では，実施自体をしていませんでした。

　とはいえ，他人の目が入らないままに授業に臨むということはもちろんしません。

授業日の1週間前までに研究主任に提出する

ということにしていました。

　よって，学年内で検討したり他の教員に相談したりするのは，それまでに実施を済ませておくことになります。

②学校全体の研究を推し進める授業

　こちらは個人の研究授業よりもさらに早い時期に指導案を完成させ，指導案検討会を実施しました。

授業日の3週間前くらいに指導案検討会を実施する

　早い時期に実施しておくことで，より詳細な検討をしたり多様なアイデアを盛り込む余白をつくったりすることができます。大きな授業ほど締め切り日を早めに設定しておくことは，授業者の方のマネジメントにもあたります。適切なタイミングをいつも考えるようにしましょう。

POINT!

・個人の力量形成にあたる授業の指導案は1週間前に提出してもらおう。
・学校全体の研究を推し進める授業の検討会は3週間前に実施しよう。
・締め切り日の設定は，仕事マネジメントでもあることを心得よう。

指導案検討会は
ねらいをもって行う

「ねらい」をもてるかどうか

　研究授業によって「目的」は異なることを前項で述べました。目的が変わってくるということは，研究授業のねらいが変わってくるということです。ここでは，「ねらい」について見ていきましょう。

それぞれもちたい指導案検討のねらい

　前述の通り，研究授業には種類があります。

---

①個人の力量形成を目的とした授業
②学校全体の研究を推し進めるための授業

　それぞれの目的が違っているので，指導案の検討の目的も変わってきます。以下より一緒に見ていきましょう。

①個人の力量形成を目的とした授業

　こちらは，様々な目的が考えられます。
　大切にしたいことは次のことです。

授業者の一歩先の課題に取り組める授業にすること

　当然ですが，初任者の方と10年目を迎えるミドルリーダーでは，それぞれ

がもつ授業の課題は違ってきます。

　初任者は，教科ごとというよりも授業づくりの基礎基本から課題となるでしょう。

　ミドルリーダーであれば，もう一歩進んだあたりが課題となります。

　研究主任は，それぞれの実態をつかみ，「一歩先」の課題を見据えて指導します。もし，初任の方の指導案を見て改善点が10見つかっても，伝えるのは「3つまで」にとどめます。どんな人でも，一気に解決できることなんてありえません。

②学校全体の研究を推し進めるための授業

　学校全体の研究を推し進めるための授業でのねらいは次のことです。

学校全体の一歩先の課題に取り組む

　こちらは，個人ではなく学校の課題です。よって，授業者はもちろん，指導案検討会に出席するメンバーは次のことを押さえておかなくてはいけません。

これまでの学校の研究成果

　それまでにどんな授業でどんな成果を出してきたのか，特に前年度や今年度の実践の振り返りはていねいに行っておかなければいけません。それを抜かしてしまうと「三歩進んで三歩下がる」を繰り返してしまいます。

POINT!

・「現状の一歩先」にねらいを設定することを心得よう。
・個人の力量形成のための授業では，授業者の実態を捉えよう。
・学校全体の研究のための授業では，それまでの研究成果を振り返っておこう。

誤字脱字や言い回しの
チェックは最後でよい

指導案検討会の正しい手順

　指導案検討会にも手順があります。その手順をまず研究主任としてしっかりと押さえておきましょう。そして，その手順は，部会のメンバーとも初期のころから共有しておくべきです。

その時間をどのように使うのかをメンバーと共有しておく

　指導案検討会で次のような体験をしたことはないでしょうか。

> 指導案の誤字脱字チェックにほとんどの時間が費やされて，会議の時間が終了した

　どうして，このようなことが起こってしまうのでしょうか。
　次の文章を見てください。

本目は，よく晴ている。

　いかがでしょうか。
　「目」はもちろん，「日」であり，「晴れ」の「れ」が抜けてしまっています。
　このような文章と出会うと「本当はこうだよ！」と言いたくてたまらなくなってしまいます。

人は，間違いやもれを指摘してしまうものです。目の前に誤字脱字が見つ
かると，どうしてもその場で「言いたく」なってしまうという特性をもって
います。(「間違い探し」がTVなどで映し出されると，大人になっても必死
になって探してしまうものです。)

　心理学では，「脳は問いを避けられない」という習性があることは，広く
認知されています。この場合，誤字脱字を見ることで「正しくはこのように
書くのに……」と気になってしまうのです。

　人は，そうした習性をもっていることは間違いありませんが，時間は有限
です。その時間をどのようにして活用すればいいのかという優先順位がある
はずです。

　指導案検討会のメインの時間を使わなければいけないのは，間違いなく次
のことでしょう。

よりよい授業案を考える

　そして，次のことが言えます。

誤字脱字チェックは，授業の流れなどがすべて決まった最後でよい

　これをきちんと意識しなければいけません。そして，何より，それを部会
のメンバーと共有しておかなければいけません。

　「その時間をどのように使うのか」を，きちんとその場にいるメンバーと
確認するようにしましょう。

POINT!

・「人は誤字脱字チェックをしたくなる」と心得よう。
・誤字脱字チェックは最終段階に行うと割り切ろう。
・部会のメンバーと，その時間をどう使うのかを共有しよう。

指導案検討会で
教職員を鍛える①
授業を考えて参加させる

全員の頭の汗が出る指導案検討会にする

　指導案検討会は授業者だけが頭の汗をかくのではありません。部会に参加するすべてのメンバーが頭の汗をかくような設定を心がけるようにしましょう。

指導案検討会で教科書活用の力を

　指導案検討会で，参加者が最も頭の汗をかくのは次の方法です。

> それぞれが，自分の授業プランを持ち寄って参加する

　私たち教師にとって，最も重要なことは「授業を構想すること」です。授業づくりの腕をあげることで，学校全体の力もグッと上げることができますし，どの学級も充実した時間を過ごすことができるようになります。

　しかし，毎日緊張感のないままでただ授業をし続けても，残念ながら授業の腕は向上していきません。

　そこで，指導案検討会の場を活用します。

　指導案検討会の場を，授業者の一方的な授業プランを聞くのではなく，自分の授業プランをアウトプットする場へと変えてしまうのです。

　具体的には，次のようにして指導案検討会を実施します。

- 指導案検討会の1週間前に教材をメンバーに配布する。その際，指導書ではなく，児童用教科書のコピーを配布するようにする。
- メンバーには，当日までに「自分ならどのような授業をするのか」を考えるように伝える。必要であれば，どの場面を扱うのかを知らせておく。
- 指導案検討会では，授業者の指導案を配布する前に，メンバーからの授業案を発表するようにする。
- 最後に，授業者の指導案を配布し，授業者の案を発表する。
- 授業者は，「いいな」と思った授業案を採用してもよいことにする。

　このような流れをつくることで，参加型の指導案検討会へと変えていくことができます。

　授業者は，たくさんの授業案が手に入るので，より充実した授業へとつなげることもできます。参加者もひとつの教材からたくさんの授業案を知ることができるので，学びを深めることができます。

　指導案検討会は，先生たちを鍛える場へと変えていきましょう。中には，児童用の教科書を配布されると「教科書だけでは授業はつくれない」という声があがることもあります。日ごろ，いかに指導書に頼って授業をしているのかが垣間見えますが，それでは，授業はよくなっていきません。

　児童用教科書から授業をつくることができる力をつけることも目的に，指導案検討会を開催してみてください。

POINT!

- 授業案をそれぞれが考えて参加するスタイルを取り入れよう。
- 教材は児童用教科書を配布するようにしよう。
- 指導案検討会で教科書活用の力を高めよう。

指導案検討会で
教職員を鍛える②
事前読みを習慣にさせる

教職員を鍛えるもうひとつの指導案検討会

　指導案検討会で何らかの仕掛けをすることの大切さを前項では述べました。ここでは，また別の指導案検討会の工夫をお伝えします。とにかく，キーワードは「教職員を鍛える」です。

さらなる指導案検討会の工夫

　指導案検討会の前に「教材を使って自分なりの案を考えてくる」ことの工夫をお伝えしました。

　ただ，この構図は次の状況では，使いにくいことがあります。

> 授業をする先生がベテランやその教科の専門の方である場合

　または，

> 学年部会などグループがきちんと機能していて，他の授業案があまり必要と感じられない場合

　これらの場合では，「メンバーが授業案を考えてくる」という方法は機能しにくいと言えます。

　なぜなら，

> - メンバーがその授業者から「教えてもらう」「習う」という構図が生まれている
> - 部会でいくつかのパターンの授業案が生まれていて，すでに検討された可能性がある

からです。ですから，こんなときは，

> 事前に指導案を読む

という工夫を入れましょう。

それも，ただ読んでくるだけではいけません。

> - 気になったり疑問に思ったりするところに線を引いたりメモをしたりしてくる
> - どうして，そのような発問や資料提示，学習環境づくりを選んだのかという自分なりの予想を書く
> - 「自分なら……」という視点で授業を考えてみる

このような作業を通して一人で読んでくるからこそ，授業者や他のメンバーとの違いがわかり，確かな学びへとつながっていくのです。

ぜひ，取り入れてみてください。

POINT!

- 授業者によっては，「事前読み」を取り入れよう。
- 指導案の読み方を共有しておこう。
- それぞれの「一人の学び」が濃密な学びを生むことを知ろう。

司会の役割①
空気づくりをする

研究部会はとにかく空気づくりを

　指導案検討会をはじめ，研究協議会や普段の部会では「空気づくり」がとても重要です。この空気をつくるのは，司会を務める研究主任の仕事です。では，どんな空気をどのようにしてつくればいいのでしょうか。

研究部会の空気をよくするために

　なんといっても，次のことが保障されている空気づくりが欠かせません。

> 何を言ってもよいという雰囲気

　研究主任は，その学校でも研究に長けている人が務めることが一般的です。もちろん，その研究主任だって「わからない」と感じることは多くあるのですから，参加しているメンバーはもっと「わからないな」「こんなことを言ってもいいのかな」という思いを抱きながら参加しています。
　まずはそのことをしっかりと受け止めましょう。
　そして，研究部会初期のころに次のようにしっかりとメンバーに語りましょう。

> きっとみなさんは，「授業のことがわからないな」「部会で何を言ったらいいのかな」と不安だと思います。が，それは私も全く同じです。不安な思いをもちながらだれしも参加してくださっていると思います。

だからといって，この部会でせっかくの意見が交流されないとなったら
どうでしょうか？　優れた考えは多様な意見が集まって生まれるのだと
思います。ぜひ，一緒に勉強させてください。

　このような語りをすることで，メンバーの不安は大きく取り除くことがで
きるでしょう。
　さらに，よりよい空気づくりのために，次のようなポイントを入れてみて
ください。

- まず若い先生から意見を言ってもらうようにする
- 研究主任がファシリテーターとなり，どんどんと指名しながら意見を
　つないでいく（研究主任よりメンバーの話す時間が確保される部会を
　目指す）

　そして，何より大切なことが，

笑顔で話し合いを進める

ということです。ぜひ，学びの交流が促進される部会を目指してください。

POINT!

- 部会は空気づくりがとにかく大切と心得よう。
- 初期のころにメンバーへの語りを入れてみよう。
- 笑顔で話し合いを進めることを忘れないようにしよう。

司会の役割②
ファシリテーター役を
メインにする

研究主任はファシリテーターになる

「研究主任はファシリテーター役である」と前述しましたが，では，ファシリテーターの心構えとはどのようなものなのでしょうか。また，どんなスキルを使うといいのでしょうか。

ファシリテーターに必要なスキルとは

ファシリテーターがとにかく心がけたいことは，次のことです。

傾聴の姿勢

とにかく「傾聴」を大切にします。
傾聴は，「積極的傾聴（Active Listening)」として，米国の心理学者であるカール・ロジャーズによって提唱されました。
傾聴することで，次のような効果が期待できます。

・相手と信頼関係を築くことができる
・（相手が）自分自身を知ることができる

前項でお伝えした「空気づくり」には，相手との信頼関係づくりが欠かせません。信頼関係なくして，何を言ってもいい空気など，到底生み出すことができないことは明白です。

また，「聞いているだけでいいのか」「相手にとっての学びはあるのか」と思われるかもしれませんが，実は，そうではないのです。

> 相手が話をする中で，相手の中には様々な気付きが生まれている

これをコーチングでは「オートクライン」と呼んでいます。

人は，自分の意見を述べつつも，その過程で，また新たな気付きを得ているのです。つまり，相手が話せば話しただけ，相手の中にも学びが生み出されていることになります。（もちろん，聞き手である研究主任にも学びはもたらされています。）

では，どのようにすれば，「相手に話を聞いてもらえている」という安心感を生み出すことができるのでしょうか。

傾聴の基本スキルは，次の3つです。

- ・視線
- ・あいづち
- ・うなずき

この3つを意識するだけで「聞き名人」になることができます。名ファシリテーターは聞き上手です。「研究主任よりもメンバーの話す時間が長い部会」を目指すようにしてください。

POINT!

- ・まず「傾聴の姿勢」を大切にしてみよう。
- ・傾聴の基本スキルを活用してみよう。
- ・名ファシリテーターは「聞き名人」と心得よう。

司会の役割③
効果的な
グループ構成をする

メンバー分けは意図をもつ

研究主任は「授業検討会のメンバー分け」「授業づくりに向けてのメンバー分け」と，グループを構成することがあります。このグループ構成をしっかりと活かすようにしましょう。

意図をもったグループ構成で教員を鍛える

次の視点をもってグループ構成をしてみましょう。

教員を鍛える

「授業検討会のときに，だれとだれによるグループなのか」はとても大切なことです。

私は，このグループ構成を次のような意図をもって行っていました。

・そのグループを引っ張ってほしい人はだれか
・そのグループでまとめ役をしてほしい人はだれか

まずは，「そのグループを引っ張ってほしい人はだれか」についてです。

これは，学校内のミドルリーダーの位置にいる教員を配置するようにしていました。「この人たちの力が発揮されると，もっと学校の研究が進んでいくな」という先生を，グループのリーダー役にしたのです。

小規模校であれば，グループリーダーを何度も行っていただくのも有効です。繰り返し，機会を得ることで，リーダーとして成長する機会を確保することができます。

　リーダーには，次のようなことをお願いしていました。

・グループのファシリテーター
・グループの意見をまとめ発言する

　まれに「若いんだからまとめて発表して」と若手教員に発表役を担わせる場面を見かけますが，私はおすすめしません。

　基本的に，若い先生はまだまだ発言力がありません。若い先生が担うことで，協議会自体が深まらなくなってしまうことも懸念されます。さらには，ミドルリーダーの活躍の場をうばってしまうことにもつながります。

　発言は，ミドルリーダーにどんどんさせましょう。

　確かな力をつけた教員が一人でも多くなる方が，学校全体は活性化するのです。

　また，まとめ役として，ベテラン教員や実力のある教員を配置するようにもしましょう。普段はなかなかベテランから学ぶ時間も取れないので，こうした場を活用して意図的にベテランから学べる場をつくるのです。

POINT!

・グループ構成は意図をもって行おう。
・ミドルリーダーの活躍の場を確保しよう。
・ベテラン教員からグループで学べるようにしよう。

司会の役割④
指名の技術を磨く

会議での指名技術を知る

「指名の技術を磨く」と書くと，子どもたち相手の授業技術のように聞こえますが，指導案検討会や授業検討会でも大切なスキルになります。ここでは「会議での指名技術」を考えます。

議論の原則を見直す

原則は次のことです。

> 経験年数の浅い先生から順に指名をする

どうして，若い先生から指名していくのがいいのでしょうか。
それは，話し合いの本質を考えると答えをもつことができます。

> 会議は議論の場。議論は，意見を「重ねて」成果を出すもの。

ですので，

> 前の人と同じ意見を重ねない

ことが大切になります。そのように考えた場合，もし，ベテランの先生など実力ある先生が，その場で言うべき意見をすべて一番に発言してしまったら，

あとに続く人は「その人と違う意見」を言うことはできるでしょうか。
　若い先生にとってはかなり難しい課題だと言えるでしょう。

　また，実は，ベテランの先生も若い先生が先にコメントしてくれることで
よいことがあるのです。

> ベテランは，若い先生の発言を聞きながら，その場でコメントするべき
> 発言内容を探している

　つまり，「若い先生は何がわかっていないのか」「この場では，どんなもの
が『納得解』となり得るのか」そんな思考を，議論を聞きながら組み立てて
いるのです。
　だからこそ，「発言は経験の浅い人から」は原則であることを心得ておき
ましょう。
　そのようにすることで

> 全員発言

も，確保することができます。
　発言することが当たり前になるからこそ，先生たちの力を鍛えることがで
きます。傍観者を絶対につくってはいけません。
　ぜひ，指名の順番を意識して議論を進めてみてください。

POINT!

・「経験年数の浅い先生」から発言を求めよう。
・「経験年数の浅い先生から」の原則の意図を知ろう。
・「傍観者はつくらない」と心に決めよう。

司会の役割⑤
時には自分が前に出る

前に出る力がファシリテート力を高める

　司会者は，できるだけ前に出すぎずに，会議に参加しているみんなの意見を引き出したり聞き役に回ったりすることが基本となります。しかし，時には「前に出ることができる力」がファシリテート力を高めるのです。

柔軟な役割ができる司会者を目指す

　私の感覚ではありますが，

> 名ファシリテーターは名スピーカーでもある

と言えます。

　司会者は，全体の意見を聞きつつも，いつでも前に出て，みんなを納得させられるほどの話術をもっているものです。

　理想的な話ではありますが，「司会者がいつでもみんなの前で語ることができる力をもつ」ことは，より優れた研究主任を目指す上で大切なことになってきます。

　しかし，どうして，聞き役である司会者が話術を持ち合わせていなければいけないのでしょうか。

　それは，司会者が，参加者の立場から考えてみるとすぐに答えがわかります。

> 何かあっても，○○さんがうまくまとめてくれるから，思いきった意見も安心して話すことができる。

　名ファシリテーターのもとで話している参加者の方は，このように思っているのです。

　「もし，自分が話題からそれるようなことを言っても，○○さんが軌道修正してくれる」

　「もし，間違ったことや言い足りないことがあっても，○○さんが補足や訂正をしてくれる」

　参加者は，そんな思いをもって，のびのびと自由に発言をしています。

　もちろん，根本にあるのは，

　「○○さんは，どんな意見でも受け止めてくれる」

という傾聴の視点であることは変わりありません。

　話題が停滞してしまったとき。

　参加者が自信をもてずに迷って前に出ることができないとき。

　こんなときは，司会者の出番です。

　研究主任のもつ知識を総動員して，全力で語りましょう。

　そして，また，先生方が話す自信をもてたら，すっと後ろに回るのです。

　そんなことの繰り返しで，確かに先生方は鍛えられていくでしょう。

　「前に出るのか」「後ろに回るのか」「ともに走るのか」「時には一緒に休むのか」，そんな判断をしてみてください。

POINT!

・いつでも前に出ることのできる力をためておこう。

・参加者が安心して話せる司会者を目指そう。

・状況によって自分の立ち位置を変えることができるようになろう。

授業検討会の工夫①
ICT 機器を活用する
―拡大提示

授業でも会議でも ICT 機器は当たり前に使う

　普段の会議はもちろん，授業検討会でも当たり前のように ICT 機器を活用していきましょう。ICT 機器を当たり前に活用することのできる環境整備も大切なことです。

授業で生まれたものを拡大掲示してみる

　ICT 機器で最も手軽に活用できる機能は，なんといっても次でしょう。

> 拡大掲示

何か資料があれば，それを大型ディスプレイに映し出す。
このようなシンプルな機能ですが，やはり効果は抜群です。

拡大掲示はどのような点で優れているのでしょうか。
様々ありますが，私は一番に次のことをあげます。

> 参加者の視線を上げることができる

　前に何もない状態であれば，人はいつの間にか下を向いてしまうことが少なくありません。授業者や司会者が話をしていても，ずっとその状況が続くことで，下を向く参加者が増えていく，という経験をしたことがある人は少

なくないのではないでしょうか。

　基本的に，人は下を向いているときには，クリエイティブな発想はしづらくなるといわれています。

　何か新しい発想をもつ，話し合いでダイナミクスを起こす，などをねらう場合は，参加者の視線は下ではなく上を向く仕掛けが必要なのです。

　それを，まず簡単に行える方法のひとつが「拡大掲示」なのです。

　では，どのようなものを拡大掲示するといいのでしょうか。

　例えば，次のようなものがあります。

・授業中のワンシーン

・授業後の板書写真

・子どもたちの成果物（ノートやワークシートなど）

　このように，行ったばかりの授業に関連する情報を提示するのは大きな効果があります。

　先ほどの情報なので，新鮮さもあります。

　参加者は，自分の参観体験と拡大掲示されている情報をつなげて思考を巡らせることができます。

　こちらは，取り組みのハードルも低い上に効果も期待できますので，ぜひ取り組んでみてください。

POINT!

・ICT 機器は「当たり前」に活用しよう。

・参加者の視線を上げる仕掛けを取り入れてみよう。

・授業中に生まれたものをすぐにそのまま提示してみよう。

授業検討会の工夫②
ICT 機器を活用する
―グループ協議

ICT 活用は参加者をより主体的にする

　検討会で多く設けられているグループ協議の時間。そこにひと手間加えて，グループ協議にも ICT 機器を活用してみましょう。ICT 機器を活用することで，参加者をより主体的に変えることができます。

Google Jamboard でグループ協議を活性化させる

　グループ協議で一番のおすすめの機能はやはり次です。

> Google Jamboard（電子付箋）

　授業で実践を多く聞く Jamboard ですが，検討会でも大活躍させることができます。

　Jamboard には，

- 意見を電子付箋として次々と出すことができる
- 電子付箋なので，書いた意見を移動させることができる
- ボード上に書き込みができる（手書き＆テキスト書き）
- 写真を取り込むことができる
- プレゼンのポインター機能がある

などの特徴があります。

これらを活用して，次のような流れでグループ協議を進めてみてはどうでしょうか。

①参加者の意見を拡散させる

まずは，授業で気が付いたことや疑問に思ったこと，改善点などを一気に出していきます。Jamboard は付箋の色を 6 色から選ぶことができます。（2022年執筆現在）この色を，

- 「○○さんは青色」などのように色で人を分ける
- 「気が付いたことは黄色，改善点はピンク」などのように意見の種類ごとに分ける

といった方法にも活用できます。

まずは，どんどんと意見を拡散させていきましょう。

②出た意見を整理する

ある程度時間がきたら整理の時間を取ります。各グループで，似た意見を集めていき，見えてくるものを探ります。このときには，線を書いたり文字を書いたりしながらまとめていくといいでしょう。

③発表の準備をする

このグループで伝えたいことは何かを明確にし，発表する要点をまとめます。このまとめる作業が，グループの学びをまとめる作業となるのです。

POINT!

- Jamboard を知り，活用してみよう。
- Jamboard の機能を活用して検討会をレベルアップさせよう。
- Jamboard を活用した検討会の流れを知っておこう。

授業検討会の工夫③
反省ではなく
主張点を述べる

「授業者より」コーナーでのひと工夫

　みなさんの学校では，授業検討会の「授業者より」コーナーで，どのような内容の話が出されているでしょうか。ここでも，研究主任のひと工夫を入れることができるのです。

主張点のある授業検討会へと変えていく

　多くの学校の検討会では，検討会のはじめに「授業者より」というコーナーがあるのではないでしょうか。

　そして，そこでは，授業者の先生から「反省」などが述べられ，授業の振り返りが発表されます。

　しかし，私は，この「反省」というワードに反対です。

授業者は「反省」ではなく「主張点」を述べよ

　私は，強くそのように感じています。

　そして，それには研究主任から「今回の主張点について授業者の先生よりお願いします」と，はっきりと言うべきなのです。

　どうして，反省はいけないのでしょうか。

　司会者は，人の思考の方向性をコントロールする役目があります。

「反省」と言えば，授業のまずかった点に意識がいく。

> 「主張点」と言えば，授業の見てほしかった点に意識がいく。

　司会者の言葉かけひとつで発言の内容が変わってきます。
　このことを司会者は心得ておかなくてはいけません。

　また，本来，研究とは「主張と主張をぶつけ合って新たなものを生み出す」というものです。
　検討会のはじめが「反省」という後ろ向きの発言から始まっては，その後の「主張と主張のぶつかり合い」などは期待できません。
　参加者は，お互いを尊重し合いつつ，意見をぶつけ合わなくてはいけないのです。そういったことから，これまでに見えなかった新たな見方や考え方が生み出されていくのです。

　ここまで準備に準備を重ねてきた研究授業です。
　その授業には，間違いなく「主張（工夫や思い）」があるはずです。
　そうした「前向きな意見」をどんどんと出し合える検討会へと，研究主任の司会術で変えていきましょう。
　そうすることで，研究の本来の楽しさややりがいを生み出すことができます。人は「心理を探求したい」ものです。研究に対するやりがいをもち，研究を楽しめるような学校づくりに挑戦してみてください。

POINT!

・「反省」をやめて「主張点」を語ってもらおう。
・研究とは主張と主張とが，ぶつかり合うことから生み出されると知ろう。
・研究のやりがいや楽しさを味わえる雰囲気をつくり出そう。

授業検討会の工夫④ 疑問点ではなく 検討事項を出す

授業者の主体性を出す

　授業検討会では，授業者の主体性を出すことが，全体の学びを深めるポイントとなります。では，どのようにすれば授業者の主体性を生み出すことができるのでしょうか。

これまでの授業準備を最後まで活かす

　準備を重ねてきた研究授業だからこそ，授業者の中にも迷いが生まれているはずです。

　この場面の発問はＡという考えもあったがＢを取った。Ｂの発問は効果的だったのか。

　これが「検討事項」です。
　「Ａだったらどうだったのだろう」
　「ＡでもＢでもない別のルートはあったのだろうか」
などといった思考を巡らせます。
　こうした「検討事項」を生み出すからこそ授業検討会が深まっていきます。
　また，研究授業という，普段の授業よりも深く考えたりあらゆる可能性を広く探ったりする機会だからこそ，検討事項を生み出すことができます。
　普段の授業では，なかなか生み出すことすら難しいでしょう。
　こうした思考は，授業者の学びの姿勢をより主体的に変えていきます。

「これって，どうだったのか」

こんな検討事項を投げかけるからこそ，授業者は本気になって授業の振り返りをすることができます。

また，こうした授業者の姿勢は参加者にも大きなメリットとして働きます。

もし，こうした検討事項が授業者から投げかけられなかったとしたらどうでしょう。参加者は，はっきりとした話し合いの視点をもつことができません。となると，その後の話し合いもぼやけたものにつながってしまいます。

実は，こういった検討事項が授業者から，授業検討会のはじめに投げかけられるからこそ，話し合いもより意味のあるものへと変わっていくのです。

こうした検討事項が「検討」ではなく，ただの「疑問」だったらどうでしょうか。

この発問はこれでよかったのでしょうか？
板書はこれでよかったのでしょうか？

といった，比較対象のないものは「検討」ではなく「疑問」にとどまってしまっています。これでは，検討事項に比べると，思考の深さは生み出されないと言わざるを得ません。

ぜひ「検討事項」を授業者から投げかけてもらってください。

POINT!

・「検討事項」を活用してこれまでの準備を活かしてもらおう。
・検討事項は参加者の思考を鋭くすると知っておこう。
・「疑問」ではなく「検討事項」を投げかけてもらおう。

授業検討会の工夫⑤
３＋１方式を
取り入れる

学びの仕掛けを授業検討会に取り入れよう

　授業検討会には，授業者や参加者の学びとなるような仕掛けが必要です。そのためには，優れたシステムを取り入れるのも，ひとつの方法です。ここでは，「３＋１方式」を紹介します。

「３＋１方式」をやってみよう

　３＋１方式は，岐阜聖徳学園大学教授である玉置崇先生が提唱されている授業検討会の手法です。同じく岐阜聖徳学園大学准教授である山田貞二先生も研究会などで活用されているシステムです。

　では，「３＋１方式」とは，どのようなシステムなのでしょうか。

　「３＋１方式」というシステムの名前の通り，

> 授業に対するコメントは，３つよいところを伝え，１つ改善点を伝える

というルールを用いたシステムです。

　「なるほど，授業者をほめるためのシステムなのか」

　「改善点は少なめにするという甘いシステムなのかな」

と捉える人もいるかもしれませんが，そうではありません。

　スポーツ観戦を例にしてみましょう。

　サッカーの試合を TV などで見たことはあるでしょう。

サッカーの試合では，カメラアングルを全体の様子がわかるようにして撮る「ルーズ」という形式が採用されています。

　TV を視聴している人はコート全体が見えるので，

「あっ，あの人があいているのに」

「こうしたらシュートが決まりそう」

「こっちにいけば守れていたのになぁ」

と，多くの人がわかってしまいます。

　時には，サッカー経験のほとんどない素人でもわかってしまうことがあります。

　では，私たちが実際にコートに立てばどうでしょうか。

　まず，TV で見ていたのとはまるで違う視野であることに気が付きます。

　コートの上から見るとさほど広く感じなかったコートは，とてつもなく広く見えることでしょう。

　また，ボールが自分のところにやってくるのと同時に相手もすごい勢いで近づいてきます。落ちついてボールだけを見るなんてとてもできません。

　何が言いたいのかというと，

> 見るのと実際にやるのはまるで違う

ということです。授業者は「自分のよいところに気が付く」こともできていません。また「参加者は容易に改善点が見えてしまう」こともあげられます。それらの理由からも「3＋1」はバランスの取れたシステムなのです。

POINT!

・「3＋1」方式を取り入れてみよう。

・「見るのと実際にやるのはまるで違う」ことを心得よう。

・「3＋1」はバランスの取れたシステムであると知っておこう。

授業検討会の工夫⑥ 参加者の学びを 保障する

参加者の学びに「3＋1方式」を活用する

　前項で紹介した「3＋1方式」は，授業者のみならず参加者の学びも保障することのできるシステムです。どのように参加者の学びを保障するのでしょうか。

3つと1つを有効に活用する

　「3＋1方式」では，

> よい点を3つ出す

ことが原則です。

　このシステムが前提にあって授業を参観すると，参加者の思考は

> よい面をたくさん見つけよう

という思考に切り替わります。すると，参加者からたくさんのよい面の気付きが生まれ，それをグループで検討することで，選ばれた「よい面」を検討会で引き出すことができます。

　そして，よい面は「参加者の学び」をもたらします。

　それは，私たちが次のような特性をもっているからです。

よいと思ったことを真似する

「これはよくないなぁ」と思うことを真似する人はだれもいないでしょう。やはり私たちは「これいいな！」と思うことを意識的に取り入れ，実践につなげていきます。

そのように考えると，「３＋１方式」を取り入れた検討会は「真似してみよう」と思えるポイントが多く出されることになります。

とはいえ，「よい面だけ」というのでは，研究は深まりません。

前項の通り，改善点については参観していると自然に多く目につくものだと言えます。

たくさんの中から１つの改善点を議論する

この話し合いの過程も，参加者にとっての学びの機会となります。

授業における改善点は，なかなか自分では気が付くことができません。

とはいえ，一気にたくさんの改善点を出されたところで，すべてをすぐに改善することは難しいものです。

そこで「１つだけ」に絞るのです。

参加者にとっても授業者にとっても「１つ」に絞ることで，次への学び・研究へとつなげることができることを覚えておいてください。

POINT!

・「３＋１方式」は参加者にとっても学びになることを知ろう。
・人は「よいと思ったことを真似するものだ」ということを活かそう。
・改善点は授業者にとっても参加者にとっても１つと心得よう。

まずは一流の講師を知る

研究主任は一流の講師と学校をつなぐ

　繰り返しになりますが，研究主任の大きな仕事として「一流の講師とつなぐ」ことがあげられます。一流の講師とつながることで学校は一気に活性化します。ぜひ，いろいろな手を活用して一流の講師と学校をつなげましょう。

一流の講師との出会い方

　一流の講師と学校をつなぐといっても，研究主任が一流の講師を知らなければ学校とつなぐことはできません。

> 一流の講師をつなぐ努力をする

ということを大切にしてください。

　では，どのようにすれば「一流の講師」と呼ばれる人を知ることができるのでしょうか。

　例えば，次のようなものから，一流の講師の情報をつかんでいきましょう。

> ・教育関連の書籍
> ・教育関連の雑誌
> ・インターネット上に掲載されているセミナー情報
> ・SNS を含めたインターネット記事

その他にも，様々な方法があるでしょう。

　いまや，様々なものを通じて，講師陣の情報を手に入れることができるようになりました。

　まずは，いろいろな情報にアンテナを高くもち，知ることからスタートしなくてはいけません。

　では，知ったらそれでよいかというと，そうではありません。

本当に一流なのか？

と，あえて疑いの目をもって見てみましょう。

　そして，それを確かめるようにします。確かめる方法としては，

2つ以上の情報に触れてみる

ことです。

　コロナ禍以降，Zoom などを活用した研修会も盛んに行われるようになりました。各種 SNS でも，ライブ機能などを活用してアウトプットしている先生もいます。

　「雑誌を読んでおもしろいと思った」「書籍に感動した」という出会いがあれば，ぜひ，もう一歩踏み込んで，その人のことを知る努力をしてみましょう。そうしたことの繰り返しで「この人は！」という人に必ず出会うことができます。

POINT!

・研究主任は一流の講師を探すことが大きな仕事と心得よう。

・いろいろなものから一流の講師を探す努力をしよう。

・2つ以上の情報を重ねて講師を選定しよう。

講師には「当たって砕けろ」の精神で依頼する

講師を呼ぶために必要なことは

　一流の講師を知ることができれば，「学校に呼びたい!!」という思いが強くなることでしょう。「とはいうものの，どうやって呼ぶの？」「手続きとか大変なんじゃないかな」などの不安も大きいことと思います。

「来てください」と言えるかどうか

　講師の方を学校とつなぐにはどうすればいいのでしょうか。

　答えはいたって簡単かつシンプルなものです。

> 講師に「来てほしい」と依頼をする

　当たり前すぎるくらいのことですが，講師と学校をつなぐには，これしかありません。

　単刀直入に「学校へお越しいただけませんか」とお願いするのが，講師を招く一番の近道です。

　私がどうしてこのような考えをもったのかというと，今から10年近く前のある出来事があったからです。

　ある日，鹿児島県まで野口芳宏先生の合宿セミナーに出かけていました。

　当時の私は，サークル活動の駆け出しのころでした。書籍などを通じて「サークルをしている人たちが，セミナー開催をしている」ということを知

ってはいましたが，そんな経験も一度もないという時期です。

　サークル仲間と出かけていたのですが，その仲間と「いつかセミナーを開催してみたいね」とも話していました。しかし，具体的にはどうすればいいのか，私はその方法も見通しも，見当がつきませんでした。

　その合宿でおもしろかったのが，「野口先生を交えてみんなでお風呂に入る」というプログラムがあることでした。みなさんで広いお風呂に入りながら，いろいろと教育談義に花を咲かせていた中で，私は思いきって聞いてみたのです。

> 講師とはどのようにしてお呼びしたらいいのでしょうか。

　野口先生からどんな答えが返ってくるのか……。入浴中ですから，メモを取ることもできません。私は野口先生の言葉を一言一句聞き逃すまいと必死に耳を傾けていました。

　しかし，野口先生の答えはあっさりすぎるほどシンプルなものでした。

> 講師に「来い！」って言えばいいんだよ。そうすりゃ来るよ。(文責：丸岡)

　あまりにシンプルでした。その場で「では野口先生は来てくださるのでしょうか……？」と恐る恐る聞くと，「もちろん行くよ。日にちはいつだい？」と，あっという間にセミナー開催が決まったのでした。

POINT!

・講師を招くには「当たって砕けろ」で，とにかくお願いしよう。
・余計なことを考えず「来てください」と切り出そう。(メールからでよい)
・講師をつなぐのは「来てください」と言えるかどうかであると心得よう。

予算は管理職に
何とかしてもらえばよい

「予算」ときちんと向き合う

　講師を招く際に気がかりなのは「予算」でしょう。私たち教員は，予算の流用や執行などを直接行う機会が少なく，予算という言葉を聞くだけで抵抗のある方もいらっしゃるかもしれません。

校長先生の心を動かすことができるかどうか

　年度はじめに講師を招くための予算を組むことができていればいいのですが，なかなかそううまくはいきません。では，講師を招くことをあきらめざるを得ないのでしょうか。いえいえ，

> お金のことは管理職に何とかしてもらう

と心得ましょう。学校の予算を動かすことができるのは，管理職です。前述しましたが，特に，校長先生に「よし！」と思ってもらえれば，案外すんなりとうまくいくものです。

　しかし，ただ「呼んでください。すごい人です」では，校長先生の心は動きません。

> ①講師を招くことでどのようなお金が動くのかを知っておく
> ②その講師はどのような講師なのかをプレゼンする

この2つは，研究主任が，絶対にクリアしておかなければいけないハードルと言えます。

①講師を招く際にどんな予算が必要かを知っておく

大きくは次の2つでしょう。

> ・交通費
> ・講師料

交通費を調べるためには，講師の最寄駅を知っておく必要があります。必要であれば宿泊費が発生することもあるかもしれません。講師料は，自治体で講師料の基準が決められている場合もあります。事務担当の方とよく連携を取るようにしましょう。

②その講師についてプレゼンする

その講師についてのどのような情報を伝えると校長先生は興味関心をもちそうか，その講師に来校してもらうことで，学校にとってどのようなよい面がありそうかをしっかりと整理してから話をするようにしましょう。

「○○先生はこのような経歴をおもちの方です」

「先生方にとっても○○な点で絶対によいと思います」

こんな風に語る準備をしてから校長室をノックします。

校長先生の心が動かなければ，学校は動きません。

校長先生の心を動かすようなプレゼンをぜひ考えてみてください。

POINT!

・お金のことは管理職次第であると心得よう。
・予算についてしっかりと把握しておこう。事務担当の人と連携しよう。
・校長先生の心を動かすプレゼンを考えよう。

講師から
何を学びたいのか
明確にする

講師を招き続けることで進めること

　「まずは講師を招くことから」ですが，だんだんと講師をお招きすることに慣れてきたら，次のステージに進んでいきましょう。確かなステップアップが学校全体のレベルを引き上げます。

講師を招き，何を得たいのか

　「〇〇先生に来てもらえた」
　「〇〇についてこんなお話を聞くことができた」
ということは，先生方にとって，確かな自信へとつながっていきます。
　「自分たちの学校ってすごいのかな」
と，だんだん自分たちの学校に対する愛着がわいてくることもあります。

　しかし，その段階で止まっていてはいけません。
　「講師を招く」ということが，日常的にできるようになってきたら，次の段階があるのです。それが，

> 講師から何を学びたいのか

ということを明確にすることです。
　これを達成するには，研究主任は，その講師についてより詳しく知っておく必要があります。

- ○○先生の強みは××だな。では，このような話の内容を依頼しよう
  か。
- ○○先生はこうしたことが本当に上手だな。××といった学びの場を
  デザインしようか。

　このように，講師の強みを活かした研修会へと変えていくのです。

　そうして，次の問いに対して，研究主任としてはっきりと答えられる状態
にしてから研修計画を立案します。

> その研修会で得たい成果は何か？

　講師を招くことを繰り返すことで，だんだんとテーマを絞ることができる
ようになってきます。

　その段階に入ってからこそが，本当の学びのスタートです。

　講師を招くときにも，自分たちの学びをデザインすることで，より自分た
ち主体の学習へと切り替えることができるのです。

　研修会で得たい成果を明確にできるようになりましょう。そのためには，
さらに先生方との対話を重ねたり，研究主任が思考したり，場合によっては，
講師とともに研修会の内容をつくり出したりしていきます。

　そうしたダイナミクスを生み出し，よりよい研修会をデザインできるよう
にしていってください。

POINT!

- 講師を招くことにも段階があることを知ろう。
- 「得たい成果は何か？」に答えられるようにしよう。
- 講師を招くときこそ，周囲の人との対話を重ねよう。

教職員の実態と
講師をつなぐ

慣れたからこそできること

　講師を招くことに慣れてきたら，さらに取り組んでみてほしいことがあります。前項の「何を学びたいのか明確にする」ことと関連させて活用していただくと，さらに効果的です。

回数を重ねるからこそ気を付けたいこと

　講師を招く研修会を開催することに慣れてきたら，ぜひ，次のことを意識してみてください。

教職員の実態を踏まえてデザインする

　なぜ，私がこのようなことを提案するのか。
　それは，次のような傾向が生まれることを知っているからです。

研究主任や管理職，さらには講師の思いが先走りすぎて，みんながついてきていない

　これは，講師を招く回数を重ねてからの方が危険です。
　研究主任や管理職は，講師の先生との接点が多くあります。
　事前のやり取り。
　当日の打ち合わせ。

さらには，研修会が終了してからのやり取りなど……。

他のメンバーとも，接点が多くなり，自然に情報を得る機会も多くなってきます。それこそが研究主任の特権ではあるのですが，だんだんと研修会を受ける教職員との「差」が芽生え始めます。

それ自体は決して悪いことではありません。ただ，そのことを自覚することが大切です。

「次はこんな話を聞いてみたい」
と思ったときこそ要注意です。

　すべての先生がついてくることができているだろうか。

だんだん回数を重ね，研究が盛り上がってきたときにこそ気を付けましょう。

「そんなことを思っていたらいつまでも前に進めないんじゃないか……」
という不安もあるかもしれません。しかし，教職員全体の底上げがなければ，学校の研究が確かなものになることはあり得ません。時間がかかりますが，じっくりと熟成された時間を生み出すからこそ，一人一人の教職員の未来につながる研修へと変えることができるのです。

また，先生たちの実態を考えることで，思わぬ角度からの気付きを得られることもあります。そこからおもしろいテーマに発展することもありますよ。

POINT!

・研究主任や管理職はたくさんの情報を得ていると自覚しよう。
・講師を招いた研修会を重ねることができたときこそ注意しよう。
・教職員全体の底上げこそ確かな研究への入口と心得よう。

講師に授業をしてもらう

講師選定の基準

　「一流の講師かどうかを見極めるには……」と悩みのある方もいらっしゃるのではないでしょうか。p.18で触れた点に加えて，私は，次のような基準で「講師選定」を行ってきました。

講師に授業を実施してもらう大きな効果

　私が校内にお招きしたいと思う講師の選定基準。
　それは，ズバリ，

授業をしていただけるかどうか

です。
　「え!?　講師に授業をしてもらってもいいの……??」
と困惑された方もいらっしゃるかもしれません。
　しかし，校内で講師の方に授業をしていただくことは，本当に大きな財産となります。職員室の先生たちも大喜びされますし，「こんな風にすればいいんだと気付くことができました」と感想をもらします。
　野口芳宏先生はいいます。

　一流の講師の条件は 3 つある。
・書くことができること

- 講演会ができること

  そして，

- 授業ができること

　私は，この3条件を聞いてから「いつか自分もそんな人間になりたい」と思うようになりましたし，校内へお招きする講師の先生には，ほとんどの方に「授業」をお願いしてきました。

　そして，そんなお願いをしていると，ある共通点に気が付きました。

　それは，

一流の講師ほど，喜んで授業をしてくださる

ということです。私たちは，講師の先生に「授業の仕方・あり方」について教えてもらっています。一流の講師であればあるほど，授業へのこだわりがあり，いつまでも授業への追究をやめていないのです。

　そんな方ほど，現場を離れて大学で教鞭を執っておられるなど，立場が変わられて「なかなか現場で授業ができていない」というジレンマも抱えています。「授業の依頼」は喜んで引き受けてくださることがほとんどです。

　ぜひ，講師の方に授業をお願いしてみましょう。

　そして，授業をしてくださる講師の方を，ぜひ校内へ呼んでみてください。

　学校が活気づくこと間違いありません。

　講師を招く際の最もおすすめの方法です。

POINT!

・講師の先生に授業を頼んでみよう。

・一流の講師ほど，喜んで授業をしてくれると知っておこう。

・講師の方の授業は学校を大きく活気づけると心得よう。

校長室で話を引き出す

「質問」が学びをもたらす

　研究主任をしていると，校長室などで講師の先生と少人数で話をする機会を得ることができます。そのチャンスを最大限に活用しましょう。ポイントは，「質問」です。

研究主任の特権を最大限に活かす

　講師の方への当日の案内方法などは，次項から詳しく説明します。

　当日も，研究主任としてはいろいろな役回りがあり，バタバタとする一日を過ごすことになるのですが，研究主任だけの特権があります。

> 校長室など閉ざされた空間で，講師の方と少人数の会話に参加できる

　この空間は，大きなチャンスです。この機会を研究主任としては，絶対に活かすようにしましょう。

　どうして，この場がチャンスだと言えるのでしょうか。

　それは「人が深い部分を話すときの空間」を考えてみてください。

> 人は，閉ざされた空間で少人数でなければ深い部分を語ることはない

　これは，隠しているわけでも何でもなく，「そうした場が人をそういった

状態にする」と考えた方がいいでしょう。研修会という大人数の前では，講師であっても，深い思考を巡らせにくいのだと考えるようにしましょう。

　では，そんな空間で研究主任は何をすればいいのか。
　それこそが

質問

です。この機会でしか聞くことのできない質問があります。ぜひ，この時間のために，事前に質問をリストアップしておきましょう。

- 授業がうまくなる人とそうでない人の差は？
- 結局，授業では何が大切なのか。
- 授業でここまではうまくいくけれど，この先にどうしても進めない。何かアドバイスはないか。
- 次の研究テーマについて悩んでいる。自分たちの次に進むべき方向はどこなのか。

　この場は，研究主任だけの特権です。
　すべてをふり切り，「本当に聞いてみたいこと」は何かを事前に考え抜いておいてください。
　こうした時間が，研究主任としての個人の力量形成へとつながっていくのです。

POINT!

- 閉ざされた空間だからこそ話せることがあると心得よう。
- 講師の方から話を引き出すには質問がカギになると心得よう。
- 本当に聞きたい質問を考え抜いておこう。

気持ちよく指導をいただくための講師への対応術① 事前

講師対応は事前が９割

　講師対応は「事前が９割」と心得ておきましょう。特に，初めてお越しいただく講師の方の場合は「学校までの道のり」「所要時間」などをていねいにお伝えし，スムーズに到着していただくよう配慮が必要です。

もれなく伝える

　以下は，私が講師の方に送信したメールの本文です。

　○○先生
　おはようございます。
　大阪の丸岡です。

　この度は本校研修会の講師をお引き受けいただきありがとうございます。
　××××
　××××。 　← 一言，前文を書く。
　○○先生のご指導のもと取り組めることが本当にうれしいです。

　校内で先生に御来校いただく日程を調整させていただきました。
　以下の日程・内容でいかがでしょうか？

　〈日程〉８月30日（金）

〈場所〉

大阪市立○○（○○）小学校

大阪市○○区○○●丁目●番●号

最寄り駅　JR××線××駅もしくは××駅

〈研修会の予定〉

◆５時間目　13時45分～14時30分（45分間）

本校教師○○の授業　教材「※決まり次第お知らせさせていただきます」

３年２組

◆６時間目　14時40分～15時25分（45分間）

○○先生による示範授業　教材「※５時間目の３年２組と同教材で御授業していただければと思います」

３年１組

◆放課後　15時50分～（※１時間程度）

講演会

「子どもの発言で深める『考え議論する道徳』を実現する授業方法の開発①～授業の基本的な組み立て方～」

　また，あわせて「指導案」「教材」「その他必要な資料」を，当日の１週間前までに送付しておく必要があります。授業を実際にしていただくのであれば，教材の送付はもっと早い方がよいでしょう。

　さらに，初めて来ていただく場合は，学校研究がわかるような資料を添付することも必要です。研修会をよりスムーズに進める材料となります。

POINT!

・学校までの交通手段や住所などを記載して検索してもらえるようにしよう。

・メールには，当日の流れが頭に浮かぶように記載しよう。

・事前に送付する資料にもれがないように気を付けよう。

気持ちよく指導をいただくための講師への対応術② 当日

当日にも流れがある

　いよいよ講師の方に来校していただく日を迎えます。きっと，朝から緊張の一日となることでしょう。当日のスケジュールを一緒に見ていきましょう。

最後の最後まで気を抜かない

　朝，出勤したら，次のことを確認するようにしましょう。

□管理職と一日の流れの確認（全体の流れ，講師の到着時間，講師紹介についてなど）

□（必要があれば）事務担当との確認（講師が記入する書類などの確認）

□授業者との確認（授業前・後のあいさつについて）

□講師に手渡す資料の確認（データ送付を済ませていても印刷をしておく）…研修会の流れ，指導案，教材など

　そして，職員朝会を迎えます。

□授業時間，研修開始時間の確認（時間厳守）

□自習体制などの確認

□研修会の流れについての確認

□講師の方の来校時間の確認

朝のバタバタした時間を何とかこなしたら，講師の来校を待ちます。可能であれば，到着時間の前になったら職員室で待機するようにしておきましょう。

　そして，いよいよ講師が学校へ到着します。

□当日の流れの確認
□資料の確認
□事務担当と手続きの確認（あれば）
□授業者顔合わせ

　ここまでくれば，あとは授業，研修会と進めていくだけです。

　講師対応は事前が９割。

　当日まで気を抜かないようにしてください。

　さらに，研修会が終了してからも，しておいた方がいいことがあります。

　それは，

研究主任として，そのときの講師の方への感想を伝える

ということです。特に，第１回目のときには，講師側も「自分の話は大丈夫だったのか」「職員はどんな感想をもったのか」は，とても気になっているところです。次項でも取り上げているように，事後でも感想は届けますが，当日にもしっかり伝えましょう。

POINT!

・当日の朝は，関係する方々としっかりコミュニケーションを取ろう。
・開始までが勝負。「講師対応は事前が９割」を再確認しよう。
・講師の方にお話の感想を伝えるまでが仕事と心得よう。

気持ちよく指導をいただくための講師への対応術③ 事後

当日までで決して終わらない

研究主任としては，研修会当日のことを強くイメージしながら仕事を進めることと思います。そこで，起きがちなのが「研修後の講師への事後対応」の不足です。事後対応も抜けがないように気を付けましょう。

講師は事後対応を待っている

研究主任としては「研修会当日」が終了すると，ほっと一息，気が抜けるタイミングでしょう。それは，現場の先生も同じです。

しかし，講師はそうではありません。

前項でも取り上げましたが，「自分の研修はどうだったのかな……」「これから，この学校とのお付き合いは続けられるのかな……」など，講師とはいえ，そのような不安な気持ちを少なからず抱えています。

そこで，「事後の対応」を研究主任として抜かりないようにしてください。

まずは，研修会翌日に講師にお礼のメールを送付するのは鉄則です。

これは絶対に抜けがないように気を付けてください。

例えば，以下のような文面を送付します。

○○先生
○○小の丸岡です。
昨日は本当にありがとうございました。

○○先生の講演会や先生から直接お話を聞かせていただく中で，自分の授業の反省点やこれからの改善点に多く気が付くことができました。

特に，○●という点では，先生の御助言のおかげで「××というようにすればいいのか」と学ばせていただくことができました。

本当にありがとうございました。

至らぬ点ばかりではございますが，今後ともご指導のほどよろしくお願いいたします。

このように，お礼のみならず昨日の自分の学びを相手に伝えることで，相手の心に届く文章になります。ぜひ，具体的な自分の学びを講師に伝えるようにしてください。

それから，事後対応は講師のみではありません。

職員へのフィードバックも伝えることができれば伝えるようにしましょう。

昨日，講師の○○先生が「昨日の授業者の○○先生は，これからすごく伸びていく先生だ」とおっしゃっておりました。私たちの進む方向性は間違いないと認識することができました。昨日は，ありがとうございました。今後とも，研究へのお力添え，どうぞよろしくお願いいたします。

事後の対応を押さえることこそ，次の未知への第一歩なのです。

POINT!

・事後対応は本当に大切な一手。気を抜かないようにしよう。

・お礼のメールには，学びを記載するようにしよう。

・職員への事後対応も盛り込んでみよう。

研究部会でていねいな振り返りをする① 成果編

振り返りで研究を定着させる

　一年のまとめとして，研究部会で振り返りをていねいに行いましょう。ここで，どのような振り返りをするかによって，メンバーの研究成果の定着が変わってきます。

成果をメンバーから出す方法

　振り返りというと「うまくいかなかったところ」「課題点」などを連想する人が多いということは p.96～97でも述べました。

　研究のまとめでも，やはり次のように聞くことから振り返りを始めます。

本年度の研究の成果はどんなことでしょうか？

　まずは，プラス面をできるだけたくさん出すようにしていきます。

　先生たちには，「よい面だけ見てくださいね。悪い面は，今は一切見る必要はありませんよ」とも伝えるといいでしょう。

　先生たちからは次のような方法で意見を集めていくことが考えられます。

①事前にアンケートなどを用いて集約しておく（デジタルでもアナログでも構わない）
②カードに書いて貼っていく（付箋，電子付箋（Jamboard），プリント

が考えられる）

③一人一人順に発言していく

それぞれの方法には，それぞれのよさがあります。

①事前にアンケートを取る

事前アンケートのよさは，なんといっても「時間短縮」です。また，先生方に部会の見通しをもってもらうこともできますし，こちらで意見を整理しておくこともできます。

ただ，そのときの臨場感をもって書くことができないことが難点です。先生方のモチベーションによってはばらつきが見られることもあります。

②カードに書いて貼っていく

意見をたくさん出した後にカテゴライズ（分類）することができることが強みです。カテゴライズすることで，より成果をはっきりと見ることができます。司会である研究主任はファシリテートの腕の見せどころです。研究主任がどのようにまとめられるかがポイントになります。

③一人一人順に発言していく

いわゆる「インタビュー形式」で聞いていく方法です。一人一人に切り返すことができるので，深く聞くことができますが，時間がかかってしまいます。また，研究主任の板書力が求められます。

POINT!

・まずは「成果」のみに注目しよう。

・意見のまとめ方の種類を知ろう。

・どのまとめ方がいいのか，まとめ方を組み合わせて活用してみよう。

研究部会でていねいな振り返りをする② 課題編

課題の整理はバランスが大事

　よい面を出し合ったら，次は課題の整理をしていきましょう。ただし，課題の整理には慎重になる必要があります。成果と課題のバランスを考え，次年度につながる振り返りを行いましょう。

成果と課題のバランスを考える

　まずは，成果と課題のバランスを確認しましょう。
　ここでも，「3＋1方式」の考え方を導入します。

成果：課題＝3：1

　この図式を忘れないように振り返りの場を用意してください。
　具体的な進め方としては，

よい面を3つ，改善点を1つ出してもらう

ということをお願いし，作業にかかってもらうといいでしょう。

　それを，具体的に会議で実施するなら，次のように進めています。

・よい面をできるだけたくさん出す

> ・改善点をできるだけたくさん出し，一人ひとつまで絞る
> ・出し合ったよい面と悪い面をカテゴライズ（分類）する
> ・カテゴライズした後に，本年度の成果と課題を確認し合う

　このような流れで，本年度の研究の成果と課題をあぶり出していき，次年度の研究へとつなげていきます。

　この方法で研究の成果と課題のまとめを行うと，

> 参加者の様々な考えが活用できる

という大きなメリットがありますが，さらに大きなメリットがあります。
　それは，

> 参加者が意思決定をしているという自覚をもてる

ということです。
　ともすれば「成果と課題は研究主任が言って終わり」なんてケースもあるかもしれません。しかし，それでは，生きた意見を次年度に引き継ぐことができないのです。「自分が生み出した」という当事者意識があるからこそ，研究に本気になれます。そんなことも忘れないでください。

POINT!

・よい面と改善点は「3：1」くらいを心がけよう。
・参加者の考えや意見をフル活用しよう。
・参加者に当事者意識をもたせよう。

インタビュー形式で振り返る個別への聞き取り

「この人は」という人から意見を聞こう

　振り返りは部会のみで行うのではありません。管理職の先生や「この人とは個別に話しておきたいな」という方には，ぜひ，個人的に時間を取ってもらい，研究についての振り返りを実施しましょう。

質問で相手の心の内側をのぞく

　個別への聞き取りは「インタビュー」です。

　そもそもインタビューとはどのような由来から生まれた言葉なのでしょうか。ここで「語源由来辞典」を引いてみましょう。

> 　インタビューは，英語「interview」からの外来語。日本では主に取材に用いられる語だが，英語では会見や対談，入社などの面接も意味する。「inter」は，「互いに」「相互に」という意味の接頭語。「view」は，「見る」「眺める」の意味をもつ動詞である。(https://gogen-yurai.jp/interview/ より)

　ここで，着目したいのが英語の言葉の組み合わせです。

> 「inter」＋「view」

で生まれている interview という言葉。

　inter には次のような意味もありますね。

> 内側

つまり，interview は

> 相手の心の内側をみる

行為とも言えるでしょう。

　では，どのようにして，相手の心の内側をみることができるのでしょうか。それは，本書でもたびたび登場している

> 質問

です。この場面でも質問を活用することができます。質問を使いこなせるようになると，仕事の幅が格段に広がります。

　では，どのような質問をここでは使うといいでしょうか。

　例えば，以下のような質問を使ってみましょう。

> ・というと？　　【言い換え】
> ・具体的には？【具体化】
> ・例えば？　　　【エピソード化】

　質問を通して相手の心の内側から意見を引き出してみましょう。

POINT!

・個別のインタビューで「この人は」という人から意見を集めよう。
・インタビューのカギは「質問」だと心得よう。
・質問を使いこなして，相手の内側の意見を引き出そう。

冊子にまとめる①
基本的な
プロットづくり

冊子づくりはプロットが9割

　研究冊子づくりには内容よりも大切なことがあります。それが「プロット（目次）」です。いくら内容のある中身を書いていても，プロットが貧弱であれば，冊子の提案性はずいぶんと弱まってしまいます。

それぞれに提案性を込める

　冊子におけるプロットは，どんな役割を果たしているのでしょうか。

　私は，プロットは次のような役割を果たしているものと捉えています。

> （家づくりでいう）骨組み

　いくら内装をきれいにしても，骨組みがしっかりとしていないと，よい家が建たないのと同じように，冊子づくりも，プロットがしっかりとしたものでなければよい冊子にはなりません。

　では，よいプロットとは，どのようなプロットなのでしょうか。

　それは，

> プロットひとつひとつに提案性があるかどうか

です。

つまり,

> ひと項目ごとに伝えたいことがはっきりとあるか

ということです。

研究冊子というと, 次のようなページをよく見かけます。

> ・学校目標
> ・研究体制
> ・研修計画

よく見かけますが, ほとんどだれも読んではいないのではないでしょうか。それぞれに「提案性」が盛り込まれているなら掲載の必要がありますが, ないのであれば記載するべきではないでしょう。紙幅の無駄とも言えます。

私は, 次のようなプロットで冊子を作成しました。

> ・本校の研究(研究テーマや研究の成果, 主張点, 関連する研究データ)
> ・指導案集
> ・巻末資料

そのどれもに, 提案性を含めました。だからこそ, 読み応えのある一冊の研究冊子になったのだと思っています。

POINT!

・冊子づくりは「プロットが9割」と心得よう。
・それぞれの項目に「提案性」を入れよう。
・形式的な項目は思いきって排除しよう。

冊子にまとめる②
冊子にもたせたい役割

冊子は手渡ってこそ

　冊子づくりは完成がゴールではありません。その冊子を通じてどのようなことを成し遂げたいのかというところまで見通しをもって，冊子作製に取り組みましょう。

研究冊子に込める願いとは

　研究冊子は広く長く残っていくものです。

　つまりは，その冊子がたくさんの立場の人に渡っていくということを頭に入れておきましょう。

　そして，

> 冊子がその人の手に渡ったときに，どのような行動変化をもたらすか

というところまで思考しておく必要があります。

　例えば，研究冊子は次のような人たちに届く可能性があります。

- ・そのときに勤務校に勤めている先生方
- ・これまで勤務校に勤めており研究に携わった先生方
- ・これから勤務校に勤める先生方
- ・教育センターの方々
- ・お世話になった講師の先生

・研究テーマに関する研究者

　これらの人に，自分たちの冊子が届いていくことをイメージするのです。そして，その人たちに冊子が届いた際に，冊子にどのような役割をもたせたいのかを考えてみましょう。

・そのときに勤務校に勤めている先生方
　本年度の研究の復習に活用。転勤してからの参考書にも。
・これまで勤務校に勤めており研究に携わった先生方
　本校の研究がこのようにまとまったという報告。近くの先生に研究の成果を伝達してくれるかもしれない。
・これから勤務校に勤める先生方
　自分たちはこのような研究に取り組んできたという説明。
・教育センターの方々
　自分たちの研究成果を知ってもらい，目を向けてもらう。
・お世話になった講師の先生
　自分たちの研究を指導してもらったお礼。関係する人たちに紹介してくれることも。
・研究テーマに関する研究者
　研究冊子を送付可能であれば送付する。新たなご縁が生まれるかも。

　こうして冊子を「コミュニケーションツール」として活用する視点をもつようにしてください。きっと自分たちの研究がさらに広まっていくはずです。

POINT!

・冊子を通して，どのような行動変化を求めるのか考えてみよう。
・できるだけたくさんの人たちに冊子を届ける努力をしよう。
・研究冊子は「コミュニケーションツール」であると心得よう。

冊子にまとめる③ 学校全体を巻き込む 仕掛けを施す

学校全体を巻き込む方法を考える

　冊子づくりの裏の目的として「学校全体を巻き込む」ことがあります。では，冊子づくりでどのようにして学校全体を巻き込んでいけばいいのでしょうか。

研究冊子づくりは学校全体を盛り上げるために

　研究冊子づくりを通して先生方を巻き込むためには，次のことを意識して冊子づくりに取り組みます。

> （できるだけ）全員の文章が冊子に掲載されるようにする

　例えば，私は次のような役割分担で，できるだけ全員の文章が掲載されるようにと意識をして取り組みました。

> ・はじめに（校長）
> ・本校の研究（研究主任）
> ・道徳科授業指導案集
> 　※特別支援学級は生活指導単元（各担任，習熟度別担当）
> ・おわりに（教頭）

　このようにして，できるだけ多くの人の文章が冊子に掲載されるように意

識をしていきます。

　こうして

一人一役

を意識して冊子づくりを進めます。

　もし，どうしても冊子づくりに関わることができない人がいたとしても，研究発表会の何かのお手伝いをしていただくなど，研究に関する何らかの役割を担ってもらうようにします。

　つまり，

研究主任が「ありがとうございました」と言える人を増やす

ということがポイントです。

　研究冊子が仕上がったときに，何人に「ありがとうございました」と言えるかがポイントであることを忘れないようにしておきましょう。

　人は「任される」ことで，承認欲求を満たしたり所属感をもったりします。みんな，お願いをすれば「よし！」と取り組んでくれるものです。

　しかし，そればかりに甘えてはいけません。研究のまとめ役である研究主任が，きちんと「ありがとうございました」とお礼を言えるようにしておかなくてはいけないのです。

　冊子づくりでも学校を盛り上げていきましょう。それは，確かな学校の力になるはずです。

POINT!

・冊子づくりでも，できるだけ一人一役を意識しよう。

・研究主任がお礼を言える人を増やそう。

・冊子づくりを通して「学校を盛り上げる」意識をもとう。

研究通信を発行してみる

研究通信の発行は研究主任だけの特権

　研究主任になったなら，ぜひ取り組んでほしいことがあります。それが「研究通信を発行する」ということです。研究に特化した通信を発行できるのは，研究主任の特権です。ぜひ，挑戦してみてください。

書くからこそ見えるものがある

　研究主任には「筆まめ」であってほしいと思います。

　大村はまは次のような言葉を残しています。

> せめて筆不精でない人間にだけはしたい。

　これは，大村はまが中学生に向けた指導観でありますが，もちろん，教師にも当てはまることだと思っています。

　教師にとって，研究主任にとって「書く」という行為が，どれだけ自分に返ってくる行為かわかりません。

　研究主任にとって，研究通信を書くとは……

- ・自身の実践を残し，振り返ることができる
- ・たくさん得た情報を相手に伝えるために「要約」することになる
- ・伝えようとするからこそ，自身の中に残っていく
- ・自分自身の考えを職員室内で共有することができる

などといった，多岐にわたる効果が期待できます。

　そして，私は，書くことの最大の効果は次のことだと思っています。

「書く」から，「気付く」ことができる

　書かずして何度も同じことを思考していても，結局堂々めぐりとなってしまい，本当に気が付きたい一歩先にたどり着くことができないのです。

　書くという行為を通して，その先にある，本当に気が付きたいものに気が付くことができます。

　それは，自身の思考を文字という媒体で表現し，つなぐからこそ，新たな気付きを得ることができるのです。

　書くことは決して楽なことではありません。

　しかし，「通信」という形で，職員室の先生向けに文字を残すことで得られる効果は計り知れないのです。

　私も，研究主任になったときには，できるだけ通信を発行するようにしてきました。

　特に力を入れていたときには，毎日，通信を発行しました。

　職員室で，それを大切にファイルに綴じてくださる先生の姿を見ると

「書いてよかったな」

「もっとよりよいものを書きたいな」

という思いにさせていただきました。

　さらに，ある年には，私の研究通信を公開研究会の「おみやげ」として参加者に配布させていただきました。

「こんな通信がもらえるなんてうらやましいです」

「ぜひ，この後の通信もほしいです」

と，参加者にも喜んでいただくことができました。

　通信は確かな力をもっています。

　ぜひ，研究主任として発信を始めてください。

〈引用文献〉大村はま『新編　教えるということ』（1996）ちくま学芸文庫

公開研究会の実施を
提案する

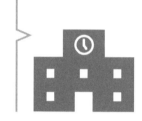

実施提案までには戦略が必要

　「公開研究会を実施する」と聞くと，「大変なんじゃないの……」「いろいろとやることが増えていやだなぁ」という意見に出会うこともあります。先生方のやる気を高めるためには，公開研究会の実施提案にも戦略が必要です。

実施の提案が通る確率を最大限に上げる

　公開研究会の実施にあたっては，次のことを必ず踏まえる必要があります。

メリットを伝える

　「公開研究会」というフレーズを聞くと，「大変そう」「仕事が増える」などといった思いを連想する方が少なくありません。

　公開研究会には，メリットもたくさんあるはずなのですが，なぜだかデメリットばかりがクローズアップされてしまう傾向があります。

　しかし，研修を充実させることができる，研究会を通して学校がひとつのものに向かえるなど，公開研究会のメリットは計り知れません。

　中でも，職員の方々の心を動かすことができるのが，

予算を確保することができる

ということです。

公開研究会実施を教育委員会へ連絡し，認可が下りればいくらかの予算が付きます。この予算を学校の研究に充てることができることは大きなメリットです。また，研究主任としていくらかのまとまったお金（大阪市がんばる先生支援事業であれば60万円ほど）を動かすことができるのは，貴重な機会であると言えます。

　ただ，気を付けておかなければいけないことは，「メリットを伝えるだけでは，全体は動かない」ことです。

> 人は「知らない」ことに大きな拒否反応を示す

　「そんなことは聞いていない」「事前に言ってくれたらよかったのに」とベテラン先生から言われた経験がある方は，少なくないのではないでしょうか。
　そのことから考えると，

> 影響力のある方ときちんと事前に話をしておく

ことが，とても大切になってきます。
　管理職の先生はもちろん，キーマンとなるベテランやミドルリーダーとも，事前に個別にしっかりと話し込んでおきましょう。
　提案が通れば全力あるのみ。ぜひ提案を通してくださいね。

POINT!

・公開研究会のメリットをしっかりと伝えよう。
・公開研究会は研究主任として大きな経験になることを心得よう。
・人は「知らない」ことに大きな抵抗を覚えることを知っておこう。

公開研究会の実施を周知する

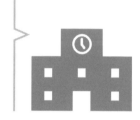

周知のために押さえたいことがある

　公開研究会の実施を先生方に周知するのにも，いろいろな工夫が必要です。ここでは，実施の周知のために，どんなことが必要なのかを考えていきましょう。

日程を決めることであらゆることが動き出す

　公開研究会の実施を周知するときに，最も大切なことは次のことでしょう。

> 日程をいつにするのか

　当然，研究教科や研究テーマを周知していることは前提です。
　具体的な運営方法は何なのか。
　どんな人を講師に呼ぶのか。
　公開研究会を実施するとなると，様々な要素が動き始めますが，何よりも「日程」を伝えなければいけません。

　どうして日程が大切なのか。
　それは，やはり

> 仕事（人）は与えられた環境で動くもの

と言えるからです。

　例えば，２月に公開を迎えるのであれば，そこに仕事の進捗を合わせますし，11月であれば，11月に合うように仕事を進めていきます。

　日程をはじめの段階で共有することで，自然に，それぞれの学年は動き出してくれます。

　しかし，日程がうまく伝わっていなければどうなるでしょう。

　それぞれが描く公開研究会のイメージにズレが発生するのです。

　自分たちは２月のつもりだった。

　いや，私たちは11月だ。

　そんな状態が校内で発生してしまっていては，公開研究会に向けてうまく走り出せるわけがありません。

　まずは，「日程を正確に伝える」ことに意識を向けてください。

　では，公開研究会はどのような日程を組めばいいのでしょうか。

　私のおすすめは以下の日程です。

①11月中旬〜下旬

　公開研究会を始めて２年目以降にしておきましょう。秋は研究会シーズンです。そのシーズンに乗っていくのです。

②１月中旬〜下旬ごろ

　初めて公開研究会を開催するときにおすすめです。３学期に行うことでじっくりと迎えることができます。また，他校の研究会にもそれまでに参加を済ませ，運営を学ぶのもおすすめです。

POINT!

・何よりも「日程」を伝えることに注力しよう。
・日程を伝えることで，それぞれが動きやすくなることを心得よう。
・公開研究会の日程は時期を吟味して決めよう。

公開研究会に向けた計画を立てる

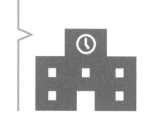

確かな計画が確かな公開研究会を生み出す

　確かな公開研究会を実施するためには，それに向かって確かな研究計画を作成する必要があります。ここでは，確かな研究計画を作成するためのコツをお伝えします。

3つの要素に戦略をもたせる

　例えば，私は，ある年に以下のような年間計画を作成しました。

　4月　校内研修会

　5月　校内研究授業＆研修会

　6月　校内研究授業

　7月　日本道徳教育学会参加，自由研究発表（東京）

　8月　校内実践交流会，校内研究授業＆研修会（外部講師招聘）

　11月　日本道徳教育学会参加，自由研究発表（石川）

　12月　校内研究授業＆研修会（外部講師招聘）

　1月　公開研究会準備のための部会

　2月　公開研究会，児童アンケート

　3月　年間のまとめ

　当時は，教育委員会からの研究指定を受けていたので，職員の県外出張の機会も二回計画していました。

計画を分析すると，次のような要素が見えてきます。

> ①外部講師招聘　②校内授業研究会　③校内（県外）研修会

大きく分けて，この３つが計画の中における大きな役割を果たしています。
それぞれ，どのような役割を果たしているのかを見てみましょう。

①外部講師招聘

　繰り返しますが，「研究主任の仕事は一流の講師を校内とつなぐこと」で
す。外部講師は起爆剤です。外部講師招聘に向けてどんな準備をするのか，
外部講師から学んだことをどう活かすのか，と研究の核になってくることは
間違いありません。どこで起爆剤を打ちたいのか，戦略的に計画しましょう。

②校内授業研究会

　校内授業研究会の確かな積み上げが学校の研究の成果を決めます。特に，
外部講師を招聘するような，主軸となる研究授業を綿密に準備しましょう。
どのような体制で，だれが授業者となって授業をするのか，こちらも戦略性
をもちたい要素です。

③校内（県外）研修会

　研修会で一番大切にしたいことが「先生同士の対話」です。県外研修の最
大の収穫は「先生同士の対話」なのです。日常では，良質な対話をしている
ようで，できていません。研修で対話の機会を意図的に設けましょう。

POINT!

・外部講師は起爆剤。どこで刺激を入れたいかを考えよう。
・校内授業研究会の成果の積み上げが自分たちの財産になる。
・研修会は先生方の対話の場と心得よう。

公開研究会のねらいをはっきりさせる

研究会のねらいを一言で表せるか

　当然のことですが，ただ公開研究会を開催すればよいというものではありません。「公開研究会の『ねらい』は何か」と問われたときに，一言で言い表せるかどうかがポイントです。

対話がテーマとの整合性をもたらす

　「ねらいをはっきりさせる」とは，どういったことを意味するのでしょうか。

　私は，次のように捉えています。

> ・研究会でのテーマをできるだけ狭くする
> ・研究会の流れに整合性をもたせる

　1点目は，校内でどのようなテーマを立ち上げるのかという問題であり，p.34～35でも詳しく述べました。

　ここでは，2点目の「研究会の流れに整合性をもたせる」ということについて考えてみましょう。

　公開研究会をただ開催しているだけの研究会は，「整合性」が取れていません。

　「整合性が取れていない」というのは，どういった状態かというと……

- 研究テーマと授業の中身に整合性がない
  - →発問をテーマにしているのに，資料提示がメインになっているなど
- 研究テーマと研究発表に整合性がない
  - →発表が研究テーマに向かうものではなく，別のテーマに向かっていたり個人の思いに走りすぎてしまったりしている
- 研究発表に関わる人が限定的である
  - →様々な方からの実践があがっておらず，研究を深めきれていない
- 講師の話と研究テーマに整合性がない
  - →講師の指導講評が，授業者への講評や持論のみで，研究テーマに関わる話題が乏しい

　研究テーマを大切にしなければ，小さなところからほころびが始まり，少しずつ，研究テーマから離れたりズレたりという状況に陥ります。

　「まぁこれくらい……」という小さな意識が，公開研究会当日には大きなズレになってしまうことを心得ておきましょう。ズレを起こさないようにする，だからこそ，

対話のできる風土づくり

を大切にするのです。研究に関する対話を積み上げることで「自分たちは何を提案したいのか」「今，テーマとのズレはないか」を確かめることができます。「気になることは対話する」という習慣を身に付けてください。

POINT!

- テーマとのズレは，小さなところから始まると心得よう。
- 研究会の構成にテーマとのズレがないかを気にしよう。
- 「気になることは対話する」習慣を身に付けよう。

公開研究会の裏のねらいをもつ

学校としての裏のねらいは何か

公開研究会を実施するにあたっての表向きのねらいは「自身の研究成果を周囲に伝達する」となりますが，研究主任としては，裏のねらいをもつようにもしておきましょう。

公開研究会でしかできない成長がある

「裏のねらい」などと聞くと，何かいけないことのような気がしてきますが，決してそういったことではありません。

表のねらいが外側のねらいだとするなら，裏のねらいは内側に向けたねらいです。

では，裏のねらいとは何でしょうか。私は次のように捉えています。

> 教職員の授業力を向上させること

こちらのねらいは，表立って言うことではありません。なぜならば，自分たちの内輪の話であり，公開研究会に参加する人にとっては，関係のないことだからです。

公開研究会は，次のような大きな力をもっています。

> 教職員の授業力を飛躍的に向上させることができる

私たちは，毎日，授業に取り組んでいるのに，どうして公開研究会を実施すると授業力が向上すると言えるのでしょうか。

　その理由をあげてみると……

- たくさんの人が見に来るという環境から，いつも以上に授業準備に力を入れることになる。
- 「公開研究会」という名目から，「提案性」が求められる。授業として「何かを提案しよう」という思考になりやすい。
- たくさんの人が来るということに加えて「知らない人」が見に来るという独特の緊張感がある。当日までも，当日もよい緊張感をもって授業に臨むことができる。

　こうした環境というのは，公開研究会ならではと言えるでしょう。

　こんな公開研究会の場を活かさない手はありません。

だれに，この公開研究会を通して成長してほしいのか

を明確にイメージするようにしてみてください。

- 今回成長してほしいミドルリーダーに授業者をしてもらう
- 若い先生にも，ほんの少しでも発表の時間を担当してもらう

　公開研究会の場を，学校の成長の場にもしてしまいましょう。

POINT!

- 学校としての「裏のねらい」をもっておこう。
- 公開研究会で成長してほしい人はだれかを考えよう。
- 公開研究会は学校の未来をつくる機会とも捉えよう。

公開研究会の
授業者を選定する

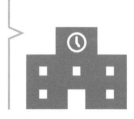

授業者の選定は大切な要素

公開研究会における授業者の選定は大切なことです。公開研究会では，どのような授業者選定を行えばいいのか，なぜ授業者選定が大切なのかをここでは考えてみましょう。

授業者の数に意図をもつ

まず，授業者を何名にするのかという分かれ道に出会います。

> ①授業者を一人だけ立てる
> ②授業者を複数名（３名など）立てる

それぞれの方法によさがありますが，授業者の数が多くなるにつれて，学校での研究の深まりを表すといっていいでしょう。それぞれの体制のメリットとデメリットを考えてみましょう。

①授業者を一人だけ立てる

参加者数を確保できない場合や，まだ研究に取り組み始めて間もない，もしくは公開研究会に慣れていない段階では，「授業者を一人に絞る」というのがおすすめです。

授業者は，

> 研究が得意なミドルリーダーやベテラン教師

がよいでしょう。授業者が一人なので，しっかりとした授業がより求められます。「この人なら安心だ」という人を選定するようにしましょう。

　ただし，翌年以降は「授業者を複数にする」という目標をもって進めるようにしてください。

②授業者を複数名立てる

　この場合は，次のようなことに配慮する必要があります。

> ・学年のバランス
> ・教科内容のバランス（道徳であれば内容項目に偏りが出ないように）
> ・提案する授業内容のバランス（多様な指導法の提案など）

　授業者が複数名になることにより，参加者も「選ぶ」ことができるので参加意欲も向上します。

　ぜひ，複数名の授業者を選定することを目指してください。

　ただ，授業者選定において気を付けてほしいことがあります。

> 若いからといって意図もなく授業者にする

中堅やベテランが授業から逃げるような学校に未来はありません。

POINT!

・授業者を何名にするのかにも意図をもとう。
・できれば複数名公開を目指そう。
・「若いんだから……」という理由では絶対に選定しないようにしよう。

公開研究会の 会場設営をする

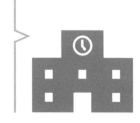

会場設営で参加者の参加しやすさを確保する

公開研究会のことを考えると「授業者のこと」「授業内容のこと」などに目が行きがちですが，「会場設営」も大切なことです。ここでは，会場設営について見ていきましょう。

参加者になったつもりで会場を設営する

会場設営において，大前提があります。

教務主任と連携を取る

これをとにかく大切にしてください。

「研究」のことと「会場設営（教務）」のことを同時に考えることは，よっぽど公開研究会に慣れていなければできないことです。

また，公開研究会は，研究部のみで開催するものではなく，学校全体を巻き込んで実施するもの。できるだけ様々な方に協力を依頼していきましょう。

というわけで，多くを教務主任にお願いすることになりますが，研究主任としても会場設営のことを一緒に考えていかなければいけないことは言うまでもありません。

では，会場設営において，どんなことを考えなければいけないのでしょうか。

基本的な姿勢として，

参加者（の立場）になって会場設営を行う

ことを忘れないようにしましょう。

- 受付できちんと自分の名前を確認してもらい，参加に対して安心感を与える
- それぞれの教室がどこにあるのかを矢印や会場図などで示す
- その会場では，どんな授業が行われているのかを看板などで示す
- 授業終了後，どのような動線で移動すればいいのかを矢印などで示す

などといったことをきちんと配慮していかなければいけません。
　また，

研究会会場のスライドの見やすさ

なども配慮したいところです。会場の一番後ろの一番見にくい席に座って確認してみてください。
　最後に，「学校が小ぎれいである」ことだけは忘れないようにしてください。ピカピカにすることは難しくとも「小ぎれいな状態」になるよう，普段の掃除指導や会場準備の段階で清掃活動を進めるようにしましょう。

POINT!

- 教務主任との連携をしっかりと取ろう。
- 参加者になったつもりで会場設営を考えよう。
- トイレを含めて学校を小ぎれいにしよう。

参加者には
「おみやげ」を渡す

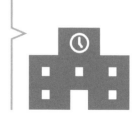

時間をつくって参加してもらった方におみやげを

　公開研究会に足を運んでくれる参加者の方は，時間をつくって研究会へ参加してくれます。自分の学級を自習にしたり土日の時間を使ったりしているのです。そんな参加者に「おみやげ」をプレゼントしましょう。

熟成されたおみやげを準備する

　公開研究会における「おみやげ」とは，どんなものでしょうか。

　ちなみに，おみやげは「参加者が勤務校へと持ち帰るもの」と定義しておきましょう。

　参加者は，ほぼ間違いなく，翌日勤務校へ出勤した際に，

研究会どうだった？

と，勤務校の管理職や研究主任に聞かれます。

　そして，参加者は資料を見て振り返りを話したり，「こんな資料をもらいましたよ」と言って勤務校の先生へ手渡したりもするでしょう。

「おみやげ」は，参加していない人も見るもの

と考えて作成する意識をもちましょう。

　安易な資料をそろえてしまうと，「参加者を送り出した先生」は，「せっか

く自習体制までつくったのになぁ」と，その思いをつぶしてしまうこともあ
ることを心得ておきましょう。

　では，おみやげには，どのようなものがあるのでしょうか。

　おみやげには，例えば，以下のようなものが考えられます。

・研究冊子
・当日の学習指導案
・当日の発表資料
・それまで発行していた研究通信

　それぞれの資料に，それぞれのよさがあります。

　さらに，参加者に喜ばれる資料の特徴として，次のことがあります。

期間を通して作成されたもの

　逆を言うと，「公開研究会が近づいてきたら間に合わせて作ったもの」で
はいけないということです。

　研究冊子や研究通信には，研究をしてきた期間を感じることができます。

　当日の指導案や発表資料には，そこまでの努力の期間を感じることができ
ます。

　そういった「時間」をかけて熟成された資料を渡せるように，年度はじめ
から計画的に進めていくようにしましょう。

POINT!

・研究会のおみやげまで見通して準備を進めよう。
・おみやげは参加者の勤務校の先生も読むという意識をもとう。
・熟成された資料が準備できるように計画的に進めよう。

参加者数を増加させる方法を考える

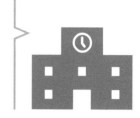

参加者の方にどう来てもらうのか

公開研究会に向けて，校内で一生懸命に準備を進め，いよいよ当日を迎えたとします。その当日に，参加者が数名だったとしたらどうでしょうか。会を運営するのに欠かせない「参加者数の増加」について考えます。

参加者数の確保は絶対条件

公開研究会を実施するにあたって，次のことは必ず踏まえておく必要があります。

参加者を一定数確保することは絶対条件である

授業者や発表者は一生懸命に当日までの準備を進めています。もしかすると，校内での喧々諤々を通して，指導案作成を何とか終え，当日の授業を迎えるかもしれません。

そうした苦労が報われるのは「当日の達成感」です。

そして，それは「外部の方に見ていただいた」という思いがもたらしてくれるものでしょう。

ただし，今の時代，次のことはわかっていなければいけません。

参加者はなかなか来てもらえない

情報化社会に入り，全国の情報がインターネットというひとつの舞台に載せられることになりました。コロナ禍で定着した「オンライン開催」は，それをさらに加速させています。

　参加者は，今，「情報過多」にあるのです。

　参加者のスマホには，あの学校の研究会もあの先生のセミナーもどんどん通知が来ている状態です。「こんなに参加できるわけないなぁ」と，案内情報をスルーしてしまう技術を身に付けているのです。

　そんな時代に，どうやったら参加者を増加させることができるでしょうか。やはり，

個人のつながり

が，一番効率がよく確実性の高いものになります。インターネットやメールでたくさんの方に情報を出しても，相手に刺さらなければ意味はありません。こんな時代だからこそ，一人一人へのていねいな関係づくりが参加者数へと反映されていくのです。

頭に浮かぶ参加してくれそうな人リストを作成する

ことを必ず行ってください。そして，自分たちの設定した目標参加者数を達成できるように動いていきましょう。

POINT!

・一定の参加者数確保は公開研究会の責務と捉えよう。
・頭に浮かぶ参加してくれそうな人リストを必ず作成しよう。
・自分たちの目標参加者数を設定しよう。

「日常授業」を見せ合う価値を伝え，見せ合う文化をつくる

「おいでよ週間」で日常授業の質を高める

　p.20では「学校全体の授業力を引き上げるには，日常が大切」と述べました。日常授業の質を高める取り組みとして「おいでよ週間」があります。

日常授業の中から学び合う取り組みを

　「おいでよ週間」とは，次のような取り組みです。

> 日常授業を見合う期間を設ける

　これは，当時「六甲SFclub」というサークルに参加させていただき，BBQを実施した公園で教育談義に花を咲かせているときに教えていただいた取り組みです。

　その取り組みを知った私は，校内で早速次のような提案をしてみました。

- 2月の第1週の1週間を「おいでよ週間」として，日常授業を見せ合う期間としましょう。
- （取り組み1年目は）若い先生がベテラン先生の授業から学ぶことを基本としましょう。
- 若い先生は必ず期間中に一度は参観に行きましょう。（縛りをかけることで，切実感をもたせる）
- 指導案などの準備は必要ありません。（あくまでも普段の授業を見せる）
- 参観した先生は，参観後，学びになった点をベテラン先生に伝えましょう。（ただ見るだけでは力にならない，学びを伝えるまでが参観）
- 事前に，参観に行くことをきちんと伝えておきましょう。（突然にお邪魔すると驚かれるかもしれないので……）

こうした取り組みを1週間実施し，2週間くらい経ったある日に「メンター研修会」を開催して，授業を参観した振り返りの時間を「ワールドカフェ方式」で伝え合う時間を取りました。

　そして，最後には，学んだことを小さな用紙にまとめて，職員室に掲示しました。
　参観を引き受けてくださった先生たちへのせめてものお礼です。

　当時は，企画者として私もベテラン先生の教室にお邪魔させていただきました。
　ある日に「この時間に参観に行ってもいいですか？」
とお聞きすると，
　「この時間，テストなんやけど……」
とのお返事が。
　「それでも構わないのです。ぜひ，先生の教室で学ばせてください」
　そう言った私は，ベテラン先生のテストを実施している教室へとお邪魔しました。
　そこで，私はありったけの学びをノートに記しました。
　とにかく気が付いたことをどんどんとメモしていきます。

・テストの配布の仕方
・テストを受けているときの座席配置
・テスト中に先生が言葉かけする内容とタイミング
・担任の先生の本棚
・その学級の空気感

　そこで気が付いたことは20ほどになりました。
　そして，そのときの学びはそれで終わりませんでした。

　「○○学級参観記」としてレポートにしてまとめる

ということをしました。そこまで残すことで自分の血肉になると考えたのです。

こうした「日常からの学び」を得ることができるのが，この取り組みのよいところです。

　しかし，すでにお気付きと思いますが，次のことがなければ成り立ちません。

　若い先生とベテランの関係性

　さらには，

　企画者とベテランの関係性

です。

　この取り組みの負担は，間違いなくベテラン先生にあります。

　若い先生が多ければ多いほど，ベテラン先生は参観の回数が増えるのです。

　もし「普段の授業の参観なんてできないよ」とベテラン先生が言ってしまえば，この企画は決して通りません。

　ベテラン先生との関係性をきちんと整えること

　これが，校内の授業力全体を引き上げるポイントなのです。

　ぜひ，日常授業を見せ合う「おいでよ週間」を実施してみてください。

Chapter 3

学校の文化をつくる
つもりで挑もう！
研究主任としての心構え

自分が一番の学び手という意識をもつ

よい研究主任の一番の条件

「よい研究主任の一番の条件は？」と聞かれたとするなら，私は「一番の学び手であり続けること」と答えます。研究主任が進化するからこそ，学校の研究が進化するのです。

いつでも学びスイッチはオンの状態に

研究好きな先生が研究主任になることが多くあるでしょう。

しかし，研究主任になると，案外，研究に集中できなくなってしまうものです。研究授業の計画，校内の提案，さらには講師との調整など……。

「研究主任じゃなかったときの方が自分の研究を続けることができていた」という感覚をもつ人も少なくないかもしれません。

しかし，それでも，次の意識をもち続けてください。

> どんなときも一番の学び手である

研究主任の「学びたい」というエネルギーがなくなったときは，学校の研究が止まるときです。どんな状況であっても，研究主任の学びたいというエネルギーが学校全体の研究を推し進めている原動力であることを忘れないでください。

自分が「やりたくないな……」と内心で思ってしまうときこそ，真価が問われます。どんなときも「学びスイッチ」はオンにしておきましょう。

良質な情報を
手に入れる

どんな情報を手にしているかがすべて

Chapter 1 でも「良質な情報を職員室に届ける」ことが役割だと述べました。ここでは，研究主任はどのような情報を手にすればいいのかを，さらに突っ込んで考えてみましょう。

さらによりよい情報を手に入れる

研究主任として，職員室に良質な情報を届けるため，さらには，自分自身が研究主任として成長するためには，「よりよい情報を手にする」という姿勢は欠かせないことです。

教育書は必読書として，研究主任であれば，さらに一歩踏み込んで情報を獲りにいってほしいところです。

- 経営などに関するビジネス書
- 自身の専門とする一般書（道徳であれば哲学，心理学など）
- 学会誌
- 自身がいつも手にしている書籍よりもやや高価かつページ数のある書籍

これらの書籍は，読み終えるのに，いつもよりも時間がかかるものかもしれません。また，広く知れ渡っていないような本かもしれません。しかし，そうした書籍だからこそ，確かな情報があるのかもしれないのです。

研究をどう
「おもしろがって」
もらえるかを考える

大人も「興味関心をもつかどうか」がポイント

　授業づくりにおいては，「子どもたちに興味関心をもたせる」ことがポイントであることはだれもが知っていることでしょう。これは，研究という舞台では，大人も全く同じことが言えます。

先生たち一人一人の研究とするための着火剤

　研究主任として

> 研究をどうおもしろがってもらえるか

は，大切なポイントです。先生たちに「おもしろみ」を感じてもらえない研究であれば，やらされ感のある研究となってしまい，研究をうまく進めることはできません。

　先生たちがそれぞれで学びを始めるような研究とするには，「興味関心をもってもらう」ことは大きなポイントです。

　そのための最もインパクトある方法は，

> 研究主任の授業をおもしろがってもらう

ということでしょう。授業を公開するときには，子どもたちはもちろん，参観している大人も考えてしまうような授業を生み出せるようにしましょう。

先生に「授業」という ステージで 活躍してもらう

授業力向上のために活躍してもらう

　研究主任の大きな役目のひとつに「学校全体の授業力を引き上げる」ことがあげられます。そのためには，授業をする先生たちに，「授業」というステージで活躍してもらわなければいけません。

研究授業の目的を見失わない

　研究主任を任命されるような先生であれば，「授業好き」な方がほとんどではないでしょうか。（私もその一人です。）

　それゆえに「ていねいに指導案を見る」「授業の改善ポイントをより多く見つける」ことにも長けていることと思います。

　しかし，次のことだけは忘れないでください。

> 研究は，授業者の先生に活躍してもらうことが目的である

　自戒を込めてのことですが，ていねいに指導案を見たり授業のポイントを見つけたりしようとすればするほど，「授業者に活躍してもらう」という目的から外れがちになってしまいます。これでは，学校全体の目的は果たせません。

　学校全体の研究主任の目的は，あくまでも「校内の授業の発展」です。

　そのためには，校内の先生たちに授業で活躍してもらうという視点を忘れないようにしましょう。

「やってよかった」を
実感してもらう

「次へのやる気」をマネジメントする

　研究授業は，ほとんどの先生にとって大きな出来事です。「大変だけどやってよかった」「次も機会があれば挑戦したい」と思ってもらえるように配慮することも研究主任の大切な仕事です。

相手の「やってよかった」を引き出す

　そもそも「やってよかった」と思えるときとは，どんなときでしょうか。私は，以下の2つを考えました。

- 授業者の先生がねらいとしていることを達成し，周囲からも認められたとき
- やってみて「そうだったのか」と知らなかった点に気が付き，「明日試してみたい！」と思えることを知ることができたとき

　つまり，「うまくいった点」と「改善点」の双方をバランスよく示すことです。
　そして，できれば

> 相手の気が付いていないような点

を示すようにします。すると，相手の満足感がうんと上がります。

研究を
マネジメントする

研究こそマネジメントの視点を

「研究」とは，「どうなるかわからないもの」「何が生まれるかわからないもの」と捉えられがちかもしれません。もちろん，そういったダイナミックさも魅力ではありますが，「マネジメント」の視点を欠かしてはいけません。

先生たちの「やる気」までマネジメントする

研究主任は，研究をマネジメントしなければいけません。

では，何をマネジメントしなければいけないのでしょうか。

- 研究の計画（具体的な研究の日程）
- 研究環境（研究に関する物や予算など）
- 先生たちの学び（研究の内容など）

Chapter 1，2 で示してきた通り，この 3 点は欠かすことのできない視点です。

そして，もう 1 点忘れてはならない大切なポイントがあります。

先生たちのやる気のマネジメント

研究には苦労がつきものです。一朝一夕で仕上がる研究などは存在しません。研究に関わる先生たちの「やる気」がエネルギーなのです。

時には授業の
カウンセラーになる

語りたがっている先生はいるか

　先生たちが研究にのめり込んでくると、「それぞれの考え」を語りたくなってくるものです。そういった状態になれば、研究は本格的に軌道に乗ったと言えるでしょう。そんなときは、徹底して「聞き役」に回りましょう。

話を聞くことは相手に気が付かせること

　「先生、少し時間いいですか？」
　「こんな授業を考えてみました」
　「ここがちょっとわからないんです」
　研究が軌道に乗ってくると、こうした声が職員室のあちこちから聞こえるようになってきます。

　このときに、意識してほしいことがあります。

（本当は）答えは相手がすでにもっている

　もちろん、研究主任の意見も伝えます。しかし、まずは、相談に来た先生の話をしっかり聞きましょう。「うんうん」とあいづちを打ちながら話を聞いているうちに、「だんだん整理されていきました」と次のステージへと進むことも多くあります。

　これは「傾聴」の効果です。研究主任は、時に「カウンセラー」にもなるのです。

研究に終わりはないと心得る

常に挑戦するから研究である

　「研究」に終わりなどは存在しません。もし，終わりが存在するのなら，すでに研究授業など日本から姿を消しているでしょう。「新しいことを発見したい」「本当なのか確かめたい」はいつまでも消えることはありません。

完成した瞬間に始まりを迎える

　研究を進めていると，時に「○○スタンダード」というものに出会います。
　そうしたものと出会うと「これを踏まえておけばだいじょうぶ‼」とも感じますが，

> そんなものは世の中に存在しない

と心得ておきましょう。
　もし，勤務校で「スタンダードづくり」「型づくり」に取り組んでいるのなら，

> 完成したら捨てる

という姿勢を取らなければいけません。研究とは「終わりを迎えた瞬間に次が始まる」という連続性をもつものです。
　少しはかなく感じるかもしれませんが，それが醍醐味とも言えます。

先生の自信が
授業を変える

自信の種を植える

　多くの先生は「自分の授業ってこれでいいのかな……」「もっとよい方法があるんじゃないかな……」と，不安を抱えながら授業をしています。「その授業，いいですね！」と，先生たちの自信の種を植えていきましょう。

先生の成長が子どもたちの成長へとつながる

　先生たちが自信をもって授業に取り組めている学校。

　これほど，活気のある学校の状態はありません。

　研究主任としては，

（研究授業などをきっかけに）授業に自信をもってもらう戦略

をもつようにしましょう。

　そのひとつの授業で，どのように，その先生に変わっていってほしいのか。

　どんな思いをもってほしいのか。

　そんなことまで踏まえて，授業づくりに関わっていきます。

　すると，研究授業の見え方が変わってくるはずです。

　研究授業は決して授業だけを追究しているのではない。

　その先生自身の可能性も追究しているのだと。

　授業づくりを通して，先生の成長まで見通せる研究主任を目指しましょう。

　先生の自信が授業を変え，子どもたちを変えていくのです。

管理職に伝えて「ほめて」もらう

リーダーにしかできないことがある

　研究授業のみに頼らず授業力を向上させる方法の最後は，「管理職をうまく使う」ということです。管理職は職員室の担任の先生のようなものです。リーダーだからこそできることがあるのです。

管理職しかできない力を発揮してもらう

　管理職を巻き込んだ「日常の授業力の向上」は，どのようにすればいいのでしょうか。私は，次の方法を活用しています。

> 管理職に伝える

　「これは管理職に伝えておくといいなぁ」と思うことは，どんどん伝えるようにします。管理職はリーダーです。リーダーに伝えるということは，知らず知らずのうちに全体に波及していくものです。リーダーにどのような情報をあげるのかということは，組織にとって大切なことであると，私は捉えています。

　それでは，研究主任としてどのようなことを伝えるといいのでしょうか。
　それは，次の3つです。

> ・授業の工夫
> ・先生たちの工夫
> ・子どもの姿

■ 授業の工夫を伝える

　まずは，研究主任である自分自身の工夫を伝えることから始めましょう。

「道徳科の授業でこのような発問をしてみました」

「理科の授業では，こんな実験の工夫をしてみました」

など，管理職の先生と授業の話題をあげて話をするのです。

　管理職の先生も，もともとは現場の先生がほとんどです。何年か前までは毎日教室で授業をしていたけれど，今は職員室で過ごすことが多くなっています。本当は，もっと教室の様子や授業のことについて話したい，という先生も多くいます。

　さらに，管理職の先生の中でも，授業好き，研究好きという方もいます。

　そのような方であれば，なお，耳を傾けてくれることでしょう。

「職員室で授業の話題をあげる」ことと同様に，まずは，自分から管理職の先生へ授業の話題を取り上げて話を始めてみましょう。

■ 先生たちの工夫を伝える

　自分の話題を話す機会を何度か得ることができたら，次のステップへと進んでみましょう。自分の話ばかりではいけません。

> 先生たちの授業の工夫を研究主任が伝える

このことに挑戦してみてください。

「○○先生の ICT 活用がおもしろかったですよ」

「○○先生は，板書をとても工夫されていました」

「○○先生の授業はいつも楽しそうにされています」

　こんな風に，研究主任が普段いいなぁと思ったことを，管理職の先生と話す中で，自然に話題に取り上げて伝えていくのです。そこに，「ああいった板書をすると思考が整理されるので，子どもたちは学びやすいと思います」と，研究主任ならではの解

説を付け加えてもいいでしょう。

　では，こうしてその場にいない先生の話題をあげる理由は何でしょうか。

　ここには，次のねらいがあります。

管理職の先生に，その先生のことをほめてもらうため

　きっと，上記のような話を聞いたなら

「○○先生から聞いたよ。いろいろな工夫をしているんだってね」

「今度，板書を見せてよ」

「楽しそうにしている姿が他の先生にもいい影響を与えているよ」

など，管理職ならではの視点で，その先生のことをほめてくださるのです。

　直接ほめてもらえることもすごくうれしいことですが，こうして，「自分がいない場所でほめてもらっていた」ということも，また違った喜びが生まれるものです。

　きっと，ほめられた先生は「次もがんばろう」「もっとがんばろう」と，モチベーションを上げることでしょう。

　こうして，ちょっと遠回りすることで，職員室の授業力を向上させていくのです。

　もちろん，研究主任である先生と管理職の先生，さらには，周囲の先生との関係性もよくなります。

「研究主任の○○先生は，みんなの授業のことまで見てくれているんだな。周りが見えているなぁ」

「私のいないところでそんな風に言ってくれるなんてうれしいなぁ」

と，よい循環がまわり始めます。

　ぜひ，管理職の先生に向けて，他の先生をほめることに取り組んでみてください。

■ 子どもの姿を伝える

　そして，最後は「子どもの姿を伝える」ということです。

　もちろん，管理職の先生も子どもたちのことを見てはいますが，毎日接している現場の先生と比べると，やはり情報量が少なくなってしまうものです。

　「最近，授業中に発言する子どもが増えてきました。だんだんと研究の成果が子どもたちに表れ始めています」
　「先日の講師の○○先生がおっしゃっていた方法を試してみました。子どもたちがすごく目を輝かせて学習に取り組んでいました」

などと，現場だからこそわかる子どもたちの姿を報告していきましょう。

　管理職の先生も，「そのような成果が出ているのなら，もっと研究に力を入れていってもいいんだなぁ」という気持ちになっていくはずです。

　子どもたちの姿に勝るものはありません。ぜひ，子どもたちの姿をどんどんと共有していってください。

　こうして，管理職の先生も巻き込んで日常授業の向上を図っていきます。キーワードは，やはり「対話」です。気になったことは，どんどんと話題にあげるようにしていくことで，雰囲気が少しずつ盛り上がっていきます。

おわりに

　本書は「研究主任になったけれど，どうしていいのかわからない……」という，初めて研究主任を担う先生向けに書かせていただきました。

　研究主任の一年間の具体的なイメージを浮かべていただけたなら，著者としてうれしく思います。

　ただ，ここまでお読みになってお気付きの方もいらっしゃるかもしれません。

　なんだか，思い描いていた研究主任の仕事とは違ったな……

　そのように思われるのも無理はありません。

　本書は，一般的に「研究主任とはこうあるべき」というものを集めて執筆したのではなく，私自身の実感や経験に基づいて記させていただいたものだからです。

　私は，いつも次の基準をクリアしているかどうかを意識しながら研究主任としての実践を積み重ねてきました。

・先生たち自身の内に入り，その先生自身の血肉となるものか

【実効性】

・先生たちに役立つと同時に子どもたちの力をつけるものか

【教育効果】

・学校が元気になるものか（ただ先生たちの体力ばかりを奪っていないか）

【効率性】

こうした研究が学校の中に根付いたとき，必ず，学校は変わります。

　一人一人の先生が授業に目覚め，

「明日の授業をどうしようか」

と，それぞれの工夫を始めていくのです。

　学校がそうなったとき，「本物の研究集団」へと向かっていきます。

　小学校・中学校の先生は，

　小さな研究者

である。

　そんな気概を，研究主任であるあなたの働きかけで職員室中に広めていきましょう。

　全国の小・中学校が，「小さな研究者の集まり」となり，あちこちの教室で豊かな授業が広がっていくことを願って……。

令和 4 年12月

丸岡　慎弥

【著者紹介】

丸岡　慎弥（まるおか　しんや）

1983年，神奈川県生まれ。三重県育ち。

大阪市公立小学校にて15年間勤務。2022年度より立命館小学校にて勤務。教育サークルやたがらす代表。関西道徳教育研究会代表。

NLPやコーチングといった新たな学問を取り入れて，これまでにない教育実践を積み上げ，その効果を感じている。

教師の挑戦を応援し，挑戦する教師を応援し合うコミュニティ「まるしん先生の道徳教育研究所」を運営。自身の道徳授業実践も公開中。

著書に『高学年児童がなぜか言うことをきいてしまう教師の言葉かけ』『話せない子もどんどん発表する！対話力トレーニング』（以上，学陽書房），『２時間でわかる学級経営の基礎・基本』『２時間でわかる授業技術の基礎・基本』（以上，東洋館出版社），『取り外せる文例集つき！　現場発！小学校「特別の教科　道徳」の見取り・評価パーフェクトブック』（フォーラムA），『いちばんやさしい道徳授業　考え，議論する授業づくりの基礎スキル』『教務主任　365日の仕事大全』『ココが運命の分かれ道⁉　崩壊しない学級づくり究極の選択』（以上，明治図書）など多数。

研究主任　365日の仕事大全

2023年１月初版第１刷刊　ⒸＣ著　者　丸　岡　慎　弥
2024年１月初版第２刷刊　発行者　藤　原　光　政
　　　　　　　　　　　　発行所　明治図書出版株式会社
　　　　　　　　　　　　http://www.meijitosho.co.jp
　　　　　　　　（企画）林　知里（校正）西浦実夏
　　　　　　　　〒114-0023　東京都北区滝野川7-46-1
　　　　　　　　振替00160-5-151318　電話03(5907)6703
　　　　　　　　ご注文窓口　電話03(5907)6668

＊検印省略　　　　　組版所　中　央　美　版

Printed in Japan　　　ISBN978-4-18-214120-1
もれなくクーポンがもらえる！読者アンケートはこちらから

きちんとわかる・しっかりできる

学校全体が大きな変革を迫られたときこそ教務主任の腕の見せ所。GIGAスクール構想をはじめとした新しい動きの中で、学校の頭脳である教務主任の仕事は大きなやりがいに満ちています。心構えからアイテム等を駆使した仕事術まで、教務主任の仕事の全容がわかります！

きちんとわかる・しっかりできる

丸岡慎弥 著

教務主任 365日の仕事大全

3つの柱で紐解く！

学校全体をまとめる
学校全体を支える
良きリーダーとなる

明治図書

● 図書番号：2333
● A 5 判・144 頁
● 定価 2, 156 円 (10%税込)

明治図書　携帯・スマートフォンからは **明治図書 ONLINE へ**　書籍の検索、注文ができます。▶▶▶

http://www.meijitosho.co.jp ＊併記4桁の図書番号（英数字）でHP、携帯での検索・注文が簡単に行えます。

〒114−0023　東京都北区滝野川 7−46−1　ご注文窓口　TEL 03−5907−6668　FAX 050−3156−2790